図解 μITRONによる組込みシステム入門 第2版

RL78マイコンで学ぶリアルタイムOS

武井 正彦・中島 敏彦・鹿取 祐二 共著

森北出版株式会社

第2版のまえがき

　組込み向けリアルタイム OS の入門書として本書を発行してから，10 年が経過しました．時代の流れとともに，国内の半導体事情もだいぶ変わり，当初，本書の解説の中で扱ってきたルネサスエレクトロニクス（以降，ルネサスと記載する）の H8 マイコンが廃止方向に進んでおります．

　一方，組込みシステムの開発においてリアルタイム OS を採用すると効率良くシステム開発することができ，ソフトウェア資産の流用性が高くなることが，だいぶ認知されてきました．日本の産業界では組込みシステム開発においてリアルタイム OS の知識が必要であることと，大学などで組込みシステム開発の教育が継続して必要とされていることを受けて，今回，対象とするマイコンを H8 から RL78 へ変えて，改訂版としてリリースすることにしました．

　RL78 は，ルネサスからローエンドマイコンとしてリリースされており，処理能力に優れ，低消費電力で，豊富な周辺機能をもったマイコンです．H8 同様，開発環境も入手しやすく，学校や個人でも演習機材をそろえられるよう，初版のコンセプトを守れるようなマイコンとして選定しました．リアルタイム OS についても，そのまま Smalight OS を使って学習を進めていけます．

　本改訂版で，対象マイコンを H8 から RL78 へ変更したことによるおもな変更点は，以下になります．

① 基礎編の第 3 章の割込みの仕組み，サンプル記述を RL78 用に変更
② 実践編の第 4 〜 7 章で扱う開発環境を RL78 用の開発環境に変更
　　（統合開発環境を HEW から CS+ へ，エミュレータを E8a から E1 へ変更）
③ 実践編の第 8 章を「割込みハンドラを利用したシステム例」へ変更
④ 付録の解説を RL78 用のものへ変更

　とくに大きな変更である第 8 章については，H8 よりも割込み論理が難しい RL78 の割込みレベルの考え方と，リアルタイム OS と割込みレベルの関係性について詳しく記載しました．実際に試せないシステム開発の例よりも，割込みシステムに必要不可欠な割込みハンドラを題材にすることで，実際のプログラミングに役立つものと考えます．

　なお，改訂版では，実践編の執筆は，中島に代わり，トロンフォーラムの学術・教育 WG（ワーキンググループ）にて μITRON や T-Kernel 関連のセミナー講師として活動している鹿取が担当しております．

2017 年 7 月

武井正彦・鹿取祐二

まえがき

私たちの身のまわりには，家電製品，交通機関，産業を支える各種の機器など，世の中にはマイコンで制御された製品やシステムがあふれています．このように，内蔵したマイコンで制御されたシステムを「組込みシステム」とよんでいます．「組込みシステム」は，センサ，モータや電子回路，マイコンから構成されるハードウェアと，マイコンを制御するためのソフトウェアで構成されています．

最近，組込みシステム用のリアルタイム OS が注目されてきており，複雑になるシステムを効率よく開発するための切り札として期待されています．

本書は，この組込みシステム用のリアルタイム OS とはどのようなものか，なぜ広く使われるようになってきたかを理解し，そして実際にリアルタイム OS を使ってみることを目的にして書かれています．

μITRON は日本の代表的なリアルタイム OS です．本書では μITRON の仕組みと機能を解説するとともに，実機でリアルタイム OS を使ってみることで，よりよい理解が得られることを目標にしました．

しかし，リアルタイム OS は，高機能であるがゆえに大容量の ROM/RAM，また高性能，高機能のマイコンが必要になります．そのため，リアルタイム OS の勉強をしようと思っても，開発環境，デバッグ環境が高価になり，企業の設計・開発現場以外では，実機で演習するのが困難な状況です．

そこで本書では，学校や個人でも演習機材をそろえて実機演習ができるように，安価なマイコンで動作する簡易型のリアルタイム OS を取りあげました．μITRON の主要な機能をもちながら普及型のマイコンで動作するように作られた，マクセルシステムテック（旧ルネサス北日本セミコンダクタ）製の Smalight OS です．

筆者の一人の武井は，ルネサスの μITRON 仕様 OS である HI7000 シリーズの開発にたずさわった経験があり，本書で演習用に取りあげた Smalight OS の開発にも深く関わっています．現在はリアルタイム OS 関係のサポート業務と同時に，トロン協会で教育グループの委員として活動しています．

もう一人の筆者中島は，日立グループ内で長年マイコン教育とリアルタイム OS の技術講座を担当し，リアルタイム OS の実機演習を行ってきました．

本書は二人の筆者の経験を活かして，第 1 章から第 3 章の基礎編では，武井がリアルタイム OS と μITRON について解説し，第 4 章から第 8 章の実践編では中島が実機上で Smalight OS を動かしながら，細部の動作説明をしています．

基礎編の第 1 章ではリアルタイム OS とはどのようなものか，どのような OS があるかを説明します．

第 2 章では，日本でもっとも多く使われている μITRON の動作と，各種機能につ

いて説明します.

第3章では，ROM，RAM の容量が小さい安価なマイコン上でも動作する μITRON ライクな簡易型 OS，Smalight OS の紹介をします．Smalight OS は，第4章以降の実践編の演習で使用します．

実践編の第4章では，組込みシステムの設計の流れと，演習をするときに作成する図表の説明をします．

第5章では，リアルタイム OS を用いるシステムを構築する作業コンフィギュレーションについて説明します．また，演習で用いる開発環境の説明をします．

第6章では，例題を用いてリアルタイム OS の中心機能であるマルチタスクの動作と代表的なオブジェクトを説明します．

第7章では，例題より少し規模が大きい演習問題で設計の流れを体験し，実際にシステムを作ってみます．

第8章では，リアルタイム OS の応用例として，簡単な自走ロボットの制御について紹介します．

開発環境の使い方と，各種ツールの入手方法は付録にまとめてあります．

以上の流れをたどっていただくことで，組込みシステムの中心になるリアルタイム OS がどのようなものであるかを理解していただけると思います．

2007 年 12 月

著　者

目　次

基礎編

第1章

組込み向けリアルタイム OS 概論

　さまざまな機器に組込まれて制御を行うコンピュータシステムのことを組込みシステムといいます．近年ではこの組込みシステムがさまざまな分野で数多く製造・販売されています．組込みシステムの心臓部として動作するソフトウェアが組込み向けリアルタイム OS です．本章では，組込みシステムとはどういうものなのか，リアルタイム OS とは何か，そして，リアルタイム OS が組込みシステムになぜ必要なのかを解説していきます．

1.1　組込みシステムとは

　組込みシステムとは，さまざまな機器に組込まれて制御を行うコンピュータシステムのことであり，パソコンやスーパーコンピュータのような汎用コンピュータシステム以外のすべてのコンピュータシステムであるといってよいでしょう．表1.1 に組込みシステムの例を示します．

　組込みシステムの範囲は非常に幅広く，たとえば，皆さんの家庭にある炊飯器や電子レンジやエアコンといった白物家電もそうですし，テレビやビデオなどの AV 機器，学校や会社にあるプリンタやコピー機，それから携帯電話，ゲーム機，カーナビ，カラオケなどもそうです．大きなものになると，ロボット，人工衛星やロケットも組込みシステムの範囲です．これらのシステムにはすべてマイコンが入っており，それぞれのシステムに固有の制御を行っています．

　当初，マイコンは電卓や計算システム用途を中心に組込まれていましたが，マイコンの低コスト化，高性能化に伴い，FA（Factory Automation）制御システムから民生機器までさまざまな組込みシステムへ導入されるようになってきました．

表 1.1 組込みシステムの例

分　野	機　器		分　野	機　器	
工業制御 / FA 機器	■ プラント制御 ■ 工業用ロボット		設備機器	■ エレベータ ■ ビル用照明 ■ ビル用空調	
AV 機器	■ テレビ ■ ビデオ ■ デジタルカメラ ■ オーディオ機器		運輸機器	■ 自動車 ■ 鉄道車両 ■ 航空機 ■ 船舶	
情報機器	■ PDA ■ 電子手帳		娯楽 / 教育機器	■ ゲーム機 ■ 電子楽器 ■ カラオケ	
通信機器	■ 電話機 ■ 携帯電話 ■ 交換機 ■ ルータ		白物家電	■ 電子レンジ ■ 炊飯器 ■ 冷蔵庫 ■ 洗濯機 ■ エアコン	
PC 周辺 / OA 機器	■ プリンタ ■ スキャナ ■ FAX				

1.2　組込みシステムのソフトウェアとハードウェア

　つぎに,組込みシステムのソフトウェアとハードウェアの構成を考えてみましょう.組込みシステムは,センサ,モータ,その他の電子回路,マイコン,そして,メモリ(ROM,RAM)からなるハードウェアと,これらのさまざまなハードウェアを制御させるためにマイコン上で動作するソフトウェアで構成されています.

　組込みシステムは,これらのハードウェアとソフトウェアが協調してお互いの動作を監視しタイミングを合わせながら動作します.具体的には,何らかの入力(スイッチ,センサ,外部からの信号など)がきっかけになって,その入力に従って CPU が演算処理を行い,演算結果をもとにデジタル信号を外部の出力装置に出力したり,アクチェータを使って出力データを変換することによって何らかの物理的動作を行った

りします．実際に動作するソフトウェア（プログラム）は ROM に記憶させておいて，一時的に蓄えたり書き換えを行うデータは RAM に記憶させておきます．

　図 1.1 にエアコンの例を示します．マイコンへの入力はリモコンからの操作指令，室温センサ，明るさセンサ，外気温センサ，着霜センサなどです．出力は，コンプレッサの運転指令，室内機ファン，室外機ファン，冷媒の流路切り替え（四方弁）指令，運転状態の表示，除霜ヒータなどです．また，コンプレッサの出力を制御するためのデジタル信号を作る必要があります．

　エアコンは室温を快適に保つために，これらの非同期に（予測できないタイミングで）発生する多数の入力を受けて，そのときに一番必要な運転状態を決定し，出力を行います．

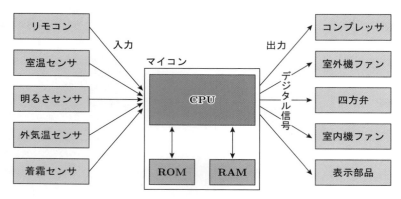

図 1.1　エアコンのハードウェア構成

　このように，組込みシステムは，スイッチ，センサなどの入力が多数存在し，それらを並行して監視しながらリアルタイムに制御して出力を出していくのが普通です．この並行処理を実現するために生まれたのが組込み向けリアルタイム OS です．これについては 1.4 節以降で詳しく解説していきますので，ここでは，組込みシステムのイメージをつかんでもらえばよいでしょう．

1.3　組込みシステムの特性

　組込みシステムの全体のイメージをつかめたところで，汎用コンピュータシステムの代表として皆さんが日頃よく使っているパソコンと比較しながら，組込みシステムの特性をまとめていきましょう．

1.3.1 専用化システム

　パソコンは，高い計算能力をもつと同時に拡張性をもっており，あとでソフトウェアをインストールしたりすることができます．人間はパソコンを使って演算をしたり，表や図を作成したり，インターネットで調べものをしたり，メールで通信したり，画像や音楽データを楽しんだりと，実にさまざまなことができます．このように，パソコンは特定用途に限らずさまざまな用途で使用することができるので，汎用コンピュータシステムといえます．

　それに対し，組込みシステムは，エアコン，ビデオ，コピー機の例のように，ある決まった特定の処理だけを行うために専用化されたシステムであるといえます．つまり，その専用機能を実現するためだけのソフトウェアがシステムに組込まれていればよいことになります．ハードウェアも専用機能を実現するためだけに最適化されたものになっています．

　また，パソコンは，コンピュータであることを意識して使いますが，組込みシステムには，コンピュータであることを意識しないで使っているものも多く存在します．たとえば，エレベータは自動的に制御を行うし，高速道路のインターチェンジに設置してある ETC は，車が通過すれば自動的に通信をしてくれます．

1.3.2 マルチタスク

　マルチタスク動作とは，一つのマイコン上で複数の処理があたかも同時に実行されているかのように動作することで，並行動作ともいいます．また，並行動作を行ううえで必要になる独立したおのおのの処理プログラムをタスクといいます．図 1.2 で，

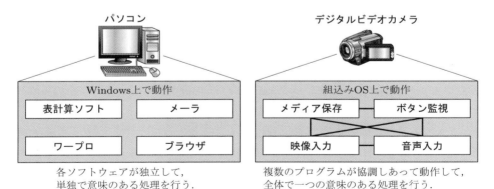

図1.2　パソコンと組込みシステムの比較

デジタルビデオカメラの場合，メディア保存プログラム，ボタン監視プログラム，映像入力プログラム，音声入力プログラムそれぞれがタスクです．パソコンの場合は，ワープロソフト，表計算ソフト，メーラ，ブラウザなどがタスクに相当します．

　マルチタスクという意味では，パソコンも組込みシステムも同じマルチタスクシステムといいます．図 1.2 にパソコンと組込みシステムの比較を示します．

　はじめに，パソコン上でアプリケーションソフトを使用することを考えてみましょう．パソコンは，キーボードやマウスなどの外部装置を操作することによって，ワープロソフト，表計算ソフト，メーラやブラウザなどの異なるさまざまなソフトウェアを動かすことができます．たいていの場合，これらのソフトウェア（プログラム）はそれぞれ単独で動いていて，人間が必要に応じてアイコンをクリックすることで，必要なソフトウェアに切り替えます．このソフトウェアの切り替え処理は，Windowsのようなパソコン OS が行っています．

　つぎに，組込みシステムの一例としてデジタルビデオカメラを考えてみましょう．デジタルビデオカメラは，録画ボタンを押すとカメラから撮った映像と音声が同時にSD カードなどのメモリに記録されます．これは，人間が録画ボタンを押すことによって，ボタンを監視するプログラムが起動して，そのプログラムから映像入力プログラム，音声入力プログラム，それからメディア保存プログラムをそれぞれ起動して，これらの異なる複数のプログラムが互いに協調しあいながら，あたかも一つのマイコン上で同時に動いているかのごとく，全体で一つのシステムとして動作しているのです．

　このように，組込みシステムは，複数の異なった機能をもっている別々のプログラムを協調して動かすことによって一つの専用システムを作り上げていますが，この協調動作は，組込み向けリアルタイム OS が実現しています．

1.3.3　リアルタイム性

　組込みシステムは，マルチタスクシステムとしてシステム内部で複数のタスクが並行動作するだけでなく，外部からの事象によっていままで動作していたタスクから，必要なタスクへすばやく切り替わることによって応答動作を行うことが求められます．たとえば，人間がスイッチを押すことでいままで処理していたことを停止して，すばやく別の処理を開始したり，通信回線からの信号入力に応じて，それに応じた処理をしたり，センサが感知した外部情報（温度，湿度など）に応じて協調動作を行ったりします．

　このように，非同期に（予測できないタイミングで）発生する外部からの事象に対して，ある限られた時間内（デッドライン内）にすばやく応答動作を行うことをリア

ルタイム性といいます．ここで重要なのは，事象に対する応答動作や演算処理自体を正確に行うことはもちろんのこと，外部からの入力に対して決まった時間内（デッドライン内）で応答動作が求められることです．

たとえば，図 1.3 に示すような自動車のエアバッグ制御では，通常の運転操作の途中であっても，外部からの衝突という事象を感知してエアバッグの制御へすばやく切り替わるリアルタイム性が求められます．応答制御がデッドラインを超えてしまったら適切な処理ができなくなってしまいます．組込みシステムでは，マルチタスク動作と同時にリアルタイム性を実現することが非常に重要になります．

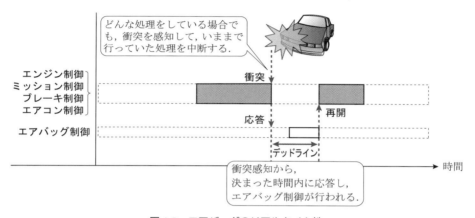

図 1.3　エアバッグのリアルタイム性

1.3.4　厳しい制約下での製品リリース

組込みシステムは，開発するうえでさまざまな制約が出てきます．たとえば，電子部品が載ったハードウェア基板の小型化や軽量化のための工夫が必要だったり，パソコンと違ってメモリ容量も限られたりするためプログラムサイズも制限されます．また，使用環境によっては高温あるいは低温での使用なども考慮する必要もあります．携帯電話などはバッテリ駆動のため，低消費電力化も考慮しないと製品としての価値がなくなる場合もあります．なおかつ，デザインもよいものでないと売り物になりません．

さらに，せっかくよいものを作っても，市場投入のタイミングが遅れると，メーカ側は売り上げを上げることができません．もちろん，価格が高すぎても売れませんので，こういったすべてのことを考慮しながら常にコストダウンを考えていく必要があります．

このように，組込みシステムを製品として市場投入することは，並大抵のことでは

ありません．逆にいえば，こういった制約を乗り越えて出来上がった製品が市場に出て，一般の方に使っていただけるというのは，組込みシステムを作る側にとってはとてもやりがいのあることでもあります．

1.3.5　信頼性の要求

　組込みシステムに対する要望は年々高まってきており，とくに高い信頼性が強く求められます．たとえば，自動車の制御においては人命に関わるため高い信頼性が必要です．また，近年では，家電製品の不具合によるトラブル，銀行のシステムダウンや航空管理システムダウンといったトラブルが散見されます．組込みシステムにおいてもこういったトラブルや事故が発生しないように，信頼性を高めていく必要があります．

　仮に市場で不具合が発生してしまうと，開発したメーカ側がこれらを回収して修正しなければならないといった社会的責任も課せられ，多大なコストがかかってしまうのです．このように，組込みシステムにおける信頼性確保は非常に重要な課題になっています．

1.4　組込み向けリアルタイム OS とは

　これまでに組込みシステムとはどういうものかを解説してきましたが，ここからは，組込みシステムの中に実際に搭載されていて，その心臓部として動作している組込み向けリアルタイム OS について解説していきましょう．

1.4.1　リアルタイム OS の役割

　1.3 節で説明したとおり，組込みシステムは，リアルタイム・マルチタスクシステムであり，多くの制約があるため決して実現が容易なものではありませんが，リアルタイム OS の導入が，これを容易にしてくれます．

　図 1.4 にリアルタイム OS の役割を示します．リアルタイム OS は，常時，複数のタスクが実行するための情報を管理していて，その情報にもとづいて，随時タスクの実行順序を決めてくれます．それによって複数のタスクの並行動作を実現します．

　それから，タスクが使用するソフトウェアおよびハードウェア資源，たとえば CPU，メモリ，タイマなどのマイコンを支えている周辺のハードウェアなどについて，その使用権を許可したり，禁止したり，あるいは，諸資源の競合（一つしかないある

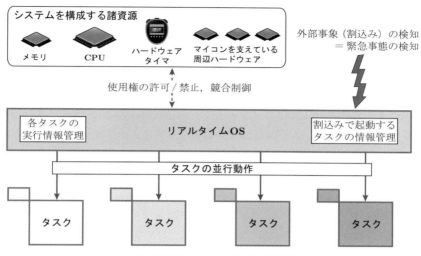

図 1.4　リアルタイム OS とタスクの関係

資源を複数のタスクがうばいあうこと）の回避などもやってくれます．また，非同期
に発生する外部事象（割込み）に即時に応答して，緊急に動作すべきタスクへの実行
制御も行います．

　図 1.5 にリアルタイム OS によるリアルタイム・マルチタスク処理の様子を示します．
リアルタイム OS は，複数のタスクがあたかも同時に実行しているかのように見せる
ために，タスクの動作途中でほかのタスクへ切り替えながら並行動作を実現します．

　それから，あるタスクが動作中に外部事象（割込み）が発生しても即時に応答し，
必要な緊急処理を行うタスクを決まった時間内に動作させます．外部事象が発生する

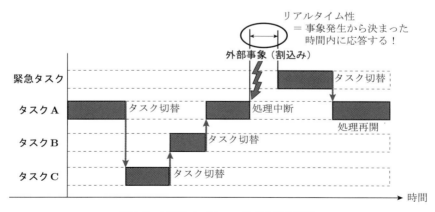

図 1.5　リアルタイム・マルチタスク処理

タイミングは予測不可能なため，リアルタイム性を実現させるため，いつ何時，外部事象が発生しても応答できることが非常に重要です．

1.4.2　プログラム構造の比較

つぎに，組込みシステムのプログラムの中を少し覗いてみましょう．リアルタイム OS を使わないでプログラムを記述した場合と，リアルタイム OS を使ってプログラムを記述した場合のプログラム構造を比較してみます．

（1）リアルタイム OS を使わない場合のプログラム構造

図 1.6 にリアルタイム OS を使わないでプログラムを記述した例を示します．一般的に，main 関数から複数の各関数を単純に順次呼び出す方式が考えられます．

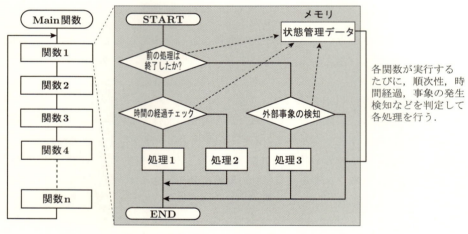

図 1.6　リアルタイム OS なしのプログラム構造

これは，それぞれ制御対象が同じ処理を一つの関数として構成し，これらの複数の関数を main 関数から順次呼び出す方式です．それぞれの関数では，呼ばれるたびにさまざまな要因を判定しながら必要な処理に分岐しています．たとえば，処理の順次性チェックが必要であればメモリ上に用意した状態管理データ内容を確認したり，外部事象の検知が必要であれば外部事象の発生有無を示すフラグを確認したりと，多くの判定処理を通ることになります．

よって，常時必要最低限の処理だけを通るのではなく，ときには不要な処理を通る場合が多くなります．これでは，外部事象が発生したときに即時に応答することが難

しくなり，リアルタイム性が損なわれる結果になります．

　さらに，リアルタイム OS がないプログラムでは，ソフトウェアループ（同じ処理プログラムを繰り返すこと）でタイミングを計る処理（リスト 1.1）や，あるフラグに "1" がセットされるまで監視し続けるためのループ処理（ポーリング処理）（リスト 1.2）のような記述をする場合があります．しかし，これでは，一つのプログラムが無駄にループ動作を続けているだけで，非同期に発生するイベントに応じたリアルタイム・マルチタスクシステムの実現は困難になります．組込みシステムでは，リアルタイム性を考慮して，デバイスからの応答などを監視するためのポーリング処理を除いては，できる限りこのような記述を避ける必要があります．

▼リスト 1.1　ループによるタイミングを図る処理の例

```
main()
{
        :
     処理A ;
     for(cnt=0; cnt < 5000; cnt++);
                     /* ソフトウェアループでタイミングを図っている */
     処理B :
        :
}
```

▼リスト 1.2　ポーリングによる監視処理の例

> このプログラムが CPU を占有し，ほかのプログラムが動けないために，ほかの事象が発生してもリアルタイムに応答できない．

```
main()
{
     flg=0 ;
         :
     while(!flg)   ;
                /* flg に 1 がセットされるまでポーリング処理で監視を続ける */
     data = DATAB ;
          :
}
```

（2）リアルタイム OS を使った場合のプログラム構造

　図 1.7 にリアルタイム OS を導入したプログラム構造のイメージを示します．

　先の（1）で説明した関数がタスクに相当しますが，各タスクからは，リアルタイム OS に対してサービスコール（2.2 節で詳しく説明しますが，関数呼び出しのよう

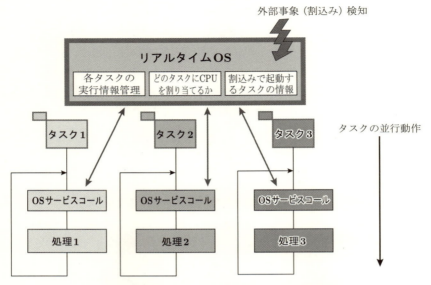

図 1.7　リアルタイム OS を導入したプログラム構造

なもの）を呼び出して，リアルタイム OS へ制御を渡し必要なときに動作させます．
これによって，ほかのタスクとの協調動作（同期ともいいます）を実現します．

　リアルタイム OS は，各タスクが実行するための情報を管理していますので，タス
クが現在までにどこまで実行したかをタスク自身が判定する必要がありません．それ
から，外部事象（割込み）によって起動すべきタスクの情報もリアルタイム OS が管
理しているため，外部事象発生の有無をタスク自身が検知する必要もありません．そ
れゆえに，先の（1）で記述したようなさまざまな判定処理をタスク自身へ記述する
必要がなく，リアルタイム性がよいプログラム構造にすることができます．

　このように，リアルタイム OS を導入することによって，タスクの並行動作とリア
ルタイム性を実現することが容易になるわけです．さらに，その結果として，各タス
クのプログラムも簡素化され読みやすくなり，その結果，バグ（プログラムの誤り，
不具合）が生まれにくい構造になります．

　1.2 節で挙げたエアコンの例のように，複数の入力スイッチ，センサがあるような
場合は，スイッチ，センサの数だけ監視タスクを作り，これらを並行に動作させるほ
うが自然であり，入力に対して瞬時に応答できるように構成できます．出力について
も，ある運転状態を保つためには何種類もの出力を同時に出すことになり，やはり並
行動作が必要ですので，リアルタイム OS の導入が有効になります．

　リアルタイム OS を使用すると，main 関数から各関数を順次呼び出す方式ではな

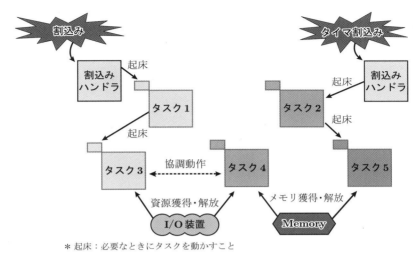

* 起床：必要なときにタスクを動かすこと

図 1.8 リアルタイム OS 導入時のプログラムの流れ

く，図 1.8 に示すように，非同期に発生する割込みハンドラからリアルタイム OS を介して必要なタスクを動かしたり，タスクからリアルタイム OS を介してほかのタスクへ切り替えたりする構造になり，リアルタイム・マルチタスクシステムを形成していきます．

　予期せぬタイミングで割込みやタイマ割込みが発生したときには，無駄な処理は一切なく，そのときに必要な処理だけが効率よく即時に起動して，リアルタイム性を高めています．

1.4.3　リアルタイム OS の導入メリット

　これまで解説してきたとおり，リアルタイム OS はリアルタイム・マルチタスクシステム，つまり組込みシステムを実現するうえで非常に重要で便利なものです．

　ここで，リアルタイム OS の導入メリットをまとめてみましょう．

（a）リアルタイム性を備えた並行動作の実現

（b）プログラム品質，メンテナンス性，生産性の向上

（c）プログラムの再利用性の向上

（d）ソフトウェア部品の導入

つぎに，これらのメリットについて各項目別に説明していきましょう．

（a）リアルタイム性を備えた並行動作の実現

これについては 1.4.1 項で解説しましたので，そちらを参照してください．

（b）プログラム品質，メンテナンス性，生産性の向上

リアルタイム OS を使用しない場合のプログラム構造イメージを考えると，図1.9（a）に示すように，プログラムの途中であちらこちらへと分岐したり，各プログラムが複雑に関係しあったり，各プログラム間の依存性が高く複雑な構造になっていると考えられます．プログラム規模が小さければこれでもよいのですが，プログラム規模が大きくなると，バグが生まれやすくなります．途中でのプログラム修正や付加価値機能を追加するうえで非常に開発効率を低下させてしまいます．

一方，リアルタイム OS を使用した場合，図1.9（b）に示すように，各タスクが独立したプログラムのかたまりとしてリアルタイム OS に管理されています．このため，あるタスクを修正したり，途中であるタスクを削除したり，付加価値を付けるために新規タスクを追加する場合でも，ほかのタスクへの影響度が小さいため，システム全体に大きな影響を与えません．

この結果，プログラムの品質，メンテナンス性を向上することができます．さらに，システムをタスク単位で機能ごとに分割して，構造化設計を行うことになるため，タスクごとの並行開発，つまり開発の分業化が可能になり，生産性を向上することができます．

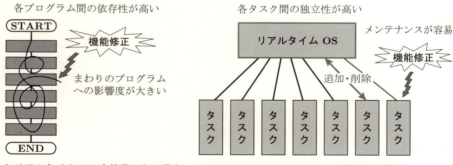

（a）リアルタイム OS を使用しない場合　（b）リアルタイム OS を使用した場合

図1.9　プログラム品質，メンテナンス性，生産性の向上

（c）プログラムの再利用性の向上

リアルタイム OS を使用しない場合，図1.10（a）に示すように，アプリケーションプログラムがハードウェアに対して直接制御します．すると，ハードウェア依存度

が高くなり，CPU やその他のマイコンを支えている周辺のハードウェアが変更になると，せっかく作ったアプリケーションプログラムは一から作り直しになり，開発期間が長くなります．

一方，図 1.10（b）に示すように，リアルタイム OS を使用した場合，リアルタイム OS を介してアプリケーションプログラムがハードウェアを制御します．そのためハードウェアが変更になっても，変更したハードウェア上で同じ仕様のリアルタイム OS を介入させることによって，ある程度，先に作ったアプリケーションプログラムを再利用できます．これによって，ハードウェア変更による製品開発も効率よくできるわけです．

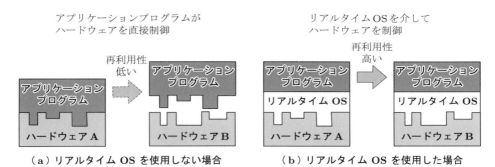

図 1.10　プログラムの再利用性の向上

（d）ソフトウェア部品の導入

図 1.11 に示すように，最近では，組込みシステムも大規模化して複雑になってきています．その反面，組込みシステムの市場への製品リリースサイクルも短くなって

図 1.11　組込みシステム市場の変化

きていて開発期間も短縮されてきています.

　そこで, 専用の機能をもったソフトウェア (ミドルウェアという) をリアルタイム OS で制御させるケースが増えています. たとえば, LAN で通信するソフトウェア, ファイルを操作するソフトウェア, または音声認識を行うソフトウェアや実際に Ethernet コントローラや USB などのハードウェアを制御するソフトウェア (デバイスドライバという) などがあります.

　これらのミドルウェアやデバイスドライバは, パッケージソフトとして市販されているものがあるため, システム開発メーカは, これらの市販のパッケージソフトをソフトウェア部品として扱うことができ, システム専用のプログラム開発に専念できます. これによって開発期間を削減している例もあるようです.

用語の説明

■ **アプリケーションプログラム**
システム特有のプログラムのこと.
リアルタイム OS 上で動作する場合, タスク, 割込みハンドラがそれにあたる.

■ **ミドルウェア**
リアルタイム OS にない上位の機能を実現したソフトウェアのこと.
通常, リアルタイム OS 上で動作するが, そうでない場合もある.
TCP/IP プロトコルスタック, ファイルマネージャ, GUI 画像圧縮伸張, 音声圧縮伸張, 音声認識, 音声合成, 文字認識, Web ブラウザ, 暗号ライブラリ, 指紋認証, などがある.

■ **デバイスドライバ**
実際に I/O デバイスなどのハードウェア制御を行うプログラムのこと.
LAN コントローラなどのハードウェア制御などがある.

1.4.4　パソコン用 OS と組込み向けリアルタイム OS の違い

　パソコンでよく使われている OS に Windows がありますが, Windows もマルチタスク OS です. Windows と組込み向けリアルタイム OS の違いを考えてみましょう. 1.3.2 項で解説したとおり, パソコンはアイコンをクリックすることによって, Windows によって, ワープロソフト, 表計算ソフト, メーラなどの異なるさまざまなソフトウェアを切り替えながら動かすことができます.

　また, 複数のタスクを並行動作させることもできます. たとえば, メールなどの通信をしながら, ワープロソフトや表計算ソフトなどを使うような場合です. この場合, タスクどうしの独立性が高いのが普通で, 並行して走っているプログラムの結果を,

ほかのプログラムが参照しながら進行することは非常に少ないといえます．よって，PC でのマルチタスクの目的は，コンピュータ資源の有効利用と使用者の利便性です．つまり，OS のはたらきにより，個々のプログラムあるいは使用者が，それぞれ自分がコンピュータを占有しているように見える仕組みを提供しているのです．

それから，Windows は，図 1.12 に示すように，OS が先にインストールされていて，キーボード，マウスやパソコンの液晶画面などのハードウェアを制御するソフトウェア（デバイスドライバ）も最初から OS と一体化して組込まれている場合が多く，デバイスドライバをあらためて作成しなくても動かすことができます．新たなデバイスドライバ，あるいはアプリケーションソフトはあとからインストールして使用することもできます．

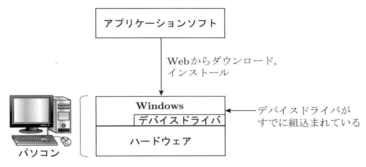

図 1.12　パソコン用 OS の場合

一方，組込み向けリアルタイム OS は，1.3.2 項で解説したとおり，ある一つの目的を達成するために構成された複数のタスクを，必要なタイミングで切り替えながら協調動作しています．先のデジタルビデオカメラの例では，リアルタイム OS が，映像入力プログラム，音声入力プログラム，メディア保存プログラムを切り替えながら動かすことによって，映像と音声が同時に記録されていきます．このように，組込み向けリアルタイム OS は，その時々に動くべきタスクを切り替えて動かし，一つのマイコン上で複数のタスクがあたかも同時に実行されているかのように動作させてくれます．

また，組込み向けリアルタイム OS は，Windows と違って，図 1.13 に示すように，ハードウェアに搭載するデバイスを制御するデバイスドライバが組込まれていないため，デバイスドライバをそのつど作成しなければなりません．また，リアルタイム OS の必要な機能だけを選び出して，その製品特有のアプリケーションソフトとデバイスドライバを一体化（リンク）して ROM に書き込んで（記憶させて），システムを作り上げます．

図 1.13　組込み向けリアルタイム OS の場合

　組込み向けリアルタイム OS がパソコン OS と比較して大きく異なる点は，パソコン OS では GUI（Graphical User Interface）による操作性が要求されますが，組込み向けリアルタイム OS は 1.3.3 項で解説したとおり，リアルタイム性が非常に高く要求されることです．つまり，組込み向けリアルタイム OS では，事象発生から実際の応答処理が始まるまでの時間を，あらかじめ決めておく必要があります．しかし，最近では，携帯電話，PDA，カーナビの例のように，パソコン同等の機能を有するものも増えてきており，リアルタイム性に加えて，操作性も重視されてきています．

1.4.5　いろいろな組込み OS

　これまで組込み向けリアルタイム OS について解説してきましたが，世界にはさまざまなリアルタイム OS があります．これをまとめたのが表 1.2 です．

（1）ITRON

　日本でもっともメジャーなリアルタイム OS です．社団法人トロン協会（現在のトロンフォーラム）が推進し，日本の半導体メーカ，ソフトウェア開発メーカなどが参画したプロジェクトの中で作成された標準化 OS です．Windows や大規模な組込みリアルタイム OS がもっているプロセス管理（各処理プログラムがお互いに固有のメモリを使って邪魔しあわないように制御させる），メモリ保護，汎用 I/O 制御などの機能は装備していませんが，リアルタイム・マルチタスク処理を実現するために必要十分な基本機能をもったリアルタイム OS です．特定分野ではなく，幅広い組込みシステムの範囲に利用されていて，事実上，国内標準のリアルタイム OS です．ITRON は μITRON4.0 仕様が最終バージョンで，現在では，ITRON をベースに T-Kernel，μT-Kernel，MP T-Kernel などへ展開しています．

表1.2 組込みリアルタイム OS の比較

項目 ＼ OS	ITRON	VxWorks	Windows Embedded	Embedded Linux	OSEK
規　格	ITRON	POSIX UNIX	Windows Embedded xx	POSIX UNIX	OSEK/VDX
特　長	日本の標準組込み OS	米国メーカ製ネットワーク指向型 OS	・組込みシステム用の Windows ・無線通信機能が充実	組込みシステム用の Linux	欧州生まれの自動車制御用 OS 仕様
プログラムサイズ	小〜中	中〜大	大	大	小
システムモデル	スレッド型	スレッド型	プロセス型	プロセス型	スレッド型
おもな適用分野	家電, OA, 通信 FA 制御など幅広く利用	航空機, 火星探索機〜デジタル家電	PDA, カーナビ通信端末	サーバー系通信端末デジタル家電	自動車制御車載 LAN

注：プロセス型…固有のメモリ資源などを使って処理を行う.
　　スレッド型…コンテキスト, スタック以外は共有のメモリ資源を使って処理を行う.

（2）VxWorks

　米国 Wind River 社製の OS で, 航空機や軍事関係などで利用されています. この OS はカーネルの部分に加えてネットワーク機能が充実していて, そのほかにもファイル管理, グラフィック機能, メモリ保護機能などが装備されていて, 比較的規模の大きめな OS です.

（3）Windows Embedded

　米国 Microsoft 社の PC 搭載 OS である Windows がベースになった組込みシステム用 OS です. GUI 機能が充実しているため, PDA, カーナビゲーションシステムなどで利用されています.

（4）Embedded Linux

　フィンランドで生まれた UNIX 系 OS である Linux の組込みシステム用 OS です. さまざまなメーカでサポートされていて, サーバ系からデジタル家電まで利用されています.

（5）OSEK/VDX

　欧州で標準規格化された自動車向け OS です. OS の部分（OSEK-OS）以外に通信部分（OSEK-COM）とネットワーク管理（OSEK-NM）の部分も標準化されて

います．OS の部分は非常に軽く，ITRON と比べてもプログラムサイズは小さいものです．

　そのほかにも PDA 専用 OS，携帯電話専用の OS，カーナビゲーション専用 OS といった専用 OS がたくさんありますが，ITRON は，FA 制御系からデジタル家電まで幅広く利用できる汎用 OS として，多くの組込みシステムへ利用されています．現在アジア圏を中心として世界にも広まりつつあり，今後も国内産の標準 OS として，その地位は維持し続けるものと考えられます．

コラム　TRON（トロン）とは？

　さて，1.4.5 項で日本のもっともメジャーな OS として ITRON を紹介しましたが，そもそも ITRON とは何なのでしょうか．ちょっと一息つきながら，ITRON についてもう少し詳しく探ってみましょう．

（1）TRON（トロン）とは？

　そもそも，TRON:The Real-time Operating System Nucleus（トロン）とは，1984 年に坂村健氏（当時，東京大学教授）によって提案された，リアルタイム組込みシステムのためのオープン・アーキテクチャです．坂村氏の指導のもと，日本の半導体メーカやソフトウェア開発会社などが参画したトロンプロジェクトの中で，「どこでもコンピュータ環境，ユビキタス社会」の実現を目指したものであり，その成果のひとつが ITRON（Industrial TRON）です．

　トロンプロジェクトの詳細は，トロンフォーラムのホームページをご覧ください．

http://www.tron.org/ja/tron-project/

（2）ITRON とは？

　ITRON は，トロンプロジェクトのなかで組込みシステム用のリアルタイム OS として策定・公開されてきたものです．仕様をオープンにしたことにより，誰でも使え，誰でも作れる OS として，日本の標準 OS として発展してきました．図 1.14 に示すように，μITRON4.0 仕様は ITRON 仕様の発展の歴史の中で，カーネル仕様の集大成として完成されたものです．

　現在では，日本の組込みリアルタイム OS のシェアを常に 50%以上キープしており，確固たる地位を築いています．

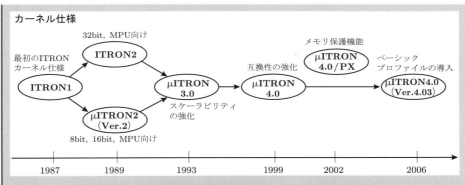

図 1.14　ITRON 仕様の歴史
[出典：トロンフォーラムのホームページ]

（3）TRON の新たな流れ　　TRON から IoT へ

　ITRON は当初「弱い標準化」を基本コンセプトにしてきましたが，各メーカが提供する μITRON 仕様 OS は，CPU が異なると細かい仕様の相違により上位のアプリケーションの移植性が損なわれることから，これまで以上に「強い標準化」が求められ，2000 年代になると，CPU の仕様や各種インタフェースが規定されたハードウェア上で動作する T-Kernel が生まれました．T-Kernel は，トロンフォーラムからソースコードが全世界に公開されており，多くの国で利用されています．いまでは，T-Kernel はさまざまな用途にシリーズ展開されており，MMU を搭載したプロセッサ向けの T-Kernel やワンチップマイコン向けの μT-Kernel, マルチコア対応の MP T-Kernel などがあります．

　1984 年以来取り組んできたトロンプロジェクトは，いまやリアルタイム OS の世界にとどまらず，現代のキーワードである IoT（Internet of Things）を実現する取り組みに至っており，トロンプロジェクトが開始当初から目指してきたユビキタス社会（あらゆものにコンピュータが組込まれ，ネットワークとつながる社会）がいまや現実のものになろうとしています．この IoT を実現するために，2016 年に，トロンフォーラムから IoT-Engine が発表されました．これは，IoT を実現するための標準プラットフォームで，基板上のコネクタとマイコンに搭載するリアルタイム OS が標準規格として定められており，インターネット上のクラウドサービスに接続する機能が装備されています．これにより，高度な機能はクラウド側に任せて，ネットワークにつながるあらゆる機器を小型化，低コスト化，省電力化することができます．

　図 1.15 は，ユーシーテクノロジなどが提供する IoT-Engine です．IoT-Engine には，μITRON をベースにした μT-Kernel2.0 が搭載されています．また，図 1.16 は，IoT-Engine 搭載のシステムが IoT-Aggregator とよばれるクラウド側のプラットフォームとつながる様子を示したものです．このように，IoT-Engine と IoT-Aggregator との連携により次世代のシステムを構築できます．

図 1.15　IoT-Engine
　　　　　［出典：トロンフォーラムの IoT-Engine ハードウェア仕様書］

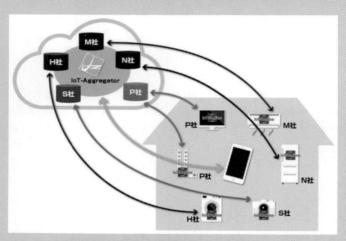

図 1.16　IoT-Engine とクラウド接続の様子
　　　　　［出典：トロンフォーラムの IoT-Engine ハードウェア仕様書］

第2章 国産リアルタイム OS　μITRON の機能

　世の中には，組込み向けリアルタイム OS はたくさんありますが，μITRON は国産でもっともメジャーであり，組込み向けリアルタイム OS としては基本的な OS であることを第1章では紹介しました．本章では，組込み向けリアルタイム OS の基本的な機能を学ぶことを目的に，μITRON の機能について解説していきましょう．

2.1　μITRON の特徴

　μITRON は，リアルタイム・マルチタスク処理を実現するために必要十分な基本機能をもったリアルタイム OS であり，大規模なリアルタイム OS に装備してあるプロセス管理，メモリ保護，汎用 I/O 制御などの機能はありません．また，組込みシステムに欠かせないリアルタイム性に非常に優れており，OS のプログラムサイズも比較的小さなものになっています．

　リアルタイム・マルチタスク処理を行う，リアルタイム OS の核となる部分をカーネル（kernel）とよびます．μITRON はカーネルそのものであるといってよいかもしれません．

　カーネルの役割をまとめると，以下の3点になります．

- 外部事象に対するリアルタイム処理
  非同期に（予測できないタイミングで）発生する外部事象を認識して，リアルタイムに（デッドライン内に），しかるべきタスクを実行する．

- タスクのスケジューリング
  複数のタスクの中で，各タスクの実行順位を決めて，タスクを実行制御する．

- サービスコールの実行
  カーネルがもつサービスコール（2.2節参照）をアプリケーションプログラムから呼び出す（発行するともいう）ことで，実際のサービスコールに応じた処理を行う．

このサービスコールを呼び出すことで，以下の機能を実現します.

■ タスク管理機能(タスクスケジューリング)

■ タスク付属同期機能

■ 同期・通信機能

■ 割込み管理機能

■ 時間管理機能

■ メモリ管理機能(メモリプール)

■ その他，システム状態管理機能

図 2.1 に μITRON のシステム構成を示します.

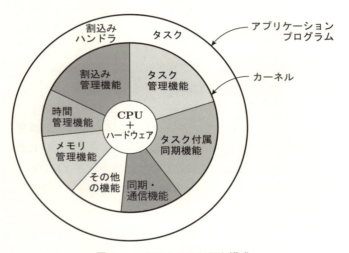

図 2.1　μITRON のシステム構成

2.2　μITRON はサービスコールで動く

μITRON は，システムの中で勝手に動いてくれて，勝手に複数のタスクのリアルタイム・マルチタスク処理をしてくれるわけではありません. アプリケーションプログラムからカーネルに対して意図的に処理を依頼することが必要です.

具体的には，皆さんが作成するアプリケーションプログラム(タスク，割込みハンドラ)からサービスコール(システムコールともいいます)を呼び出して，カーネルに処理を要求します.

実際には，サービスコールは C 言語の関数として呼び出します. たとえば，タス

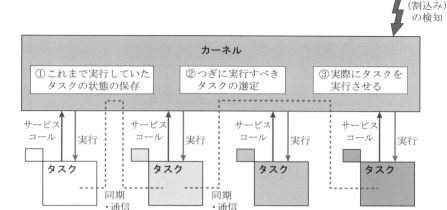

図 2.2 サービスコールによるタスクの実行制御

ク実行中にほかのタスクへ実行を移す場合，図 2.2 に示すように，タスクからサービ
スコールを発行して，カーネルに制御を渡し，①いままで実行していたタスクの状態
の保存，②つぎに実行すべきタスクの選定，③タスクの実際の実行制御をカーネルに
まかせます．つまり，タスク間の協調動作（同期）は，サービスコール呼び出しによっ
てカーネルを経由することで行います．データの受け渡しについても，直接タスク間
で行うのではなく，サービスコール呼び出しによってカーネルを経由して行います．

　サービスコールの名称は，基本的に，以下のようなアルファベットとアンダーバー
を組み合わせた形をとります．

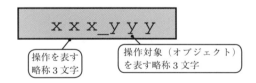

　たとえば，タスクを操作する場合のサービスコールには表 2.1 のようなものがあり
ます．

表 2.1 タスクを操作するサービスコール

サービスコール	機　能
act_tsk	タスクを起動する
ext_tsk	タスクを終了する
wup_tsk	タスクを起床させる

表2.2 タスク以外を操作するサービスコール例

サービスコール	機　能
wai_flg	イベントフラグを待つ
wai_sem	セマフォを待つ
snd_mbx	メールボックスにメッセージ送信する
rcv_mbx	メールボックスからメッセージ受信する
sta_cyc	周期ハンドラを起動する
stp_cyc	周期ハンドラを停止する

　タスク以外のオブジェクトを操作するサービスコールには，表2.2 のようなものがあります．2.3 節で詳しく説明しますが，オブジェクトとは，μITRON のそれぞれの機能を実現する手段のことで，イベントフラグ，セマフォなどがあります．それぞれのオブジェクトについては，2.7.3 項以降で説明していきます．

　しかし，例外的に操作を表す xxx の箇所が 4 文字のサービスコールもあります．たとえば，以下のようなものです．

> ixxx_yyy　　割込みハンドラから発行する場合のサービスコール
> （例）　iact_tsk　　タスクを起動する（割込みハンドラから発行する場合）
>
> txxx_yyy　タイムアウト時間を指定できるサービスコール
> （例）　twai_flg　　イベントフラグを待つ（タイムアウト指定付き）

　このように，μITRON のサービスコールは，決まった命名規則によって形成されているので理解しやすいものになっています．

2.3　オブジェクトとは

　μITRON がさまざまな機能を実現するための手段をオブジェクトといいます．オブジェクトは，サービスコールによって操作される対象となるものです．タスクもそうですし，これから説明するイベントフラグ，セマフォ，メールボックス，周期ハンドラなどもオブジェクトの一つなので，サービスコールによって操作されます．

　これらのオブジェクトは ID 番号によって識別します．ID 番号はオブジェクト種別ごとに独立したものです．つまり，タスク ID は 1 ～ 10 で，イベントフラグ ID は 11 ～ 20 というように，番号でオブジェクトが決まるのではなく，タスク ID も

表 2.3　サービスコールの API 例

サービスコール	機　能
ercd = act_tsk(3);	ID = 3 のタスクを起動する
ercd = act_tsk(5);	ID = 5 のタスクを起動する
ercd = wai_sem(5);	ID = 5 のセマフォを待つ

　イベントフラグ ID もその他の ID もそれぞれ 1 から数えていきます．サービスコールの API（Application Programming Interface：関数の呼び出し規則）は，表 2.3 のように操作対象となるオブジェクトの ID 番号を引数で指定します．

　オブジェクトは，プログラムですぐには使えません．オブジェクトを使用するには，使用するオブジェクトを使用する個数分だけカーネルに登録する必要があります．つまり，あらかじめ，カーネルに，使いたいオブジェクトが何で，それぞれ何個使いたいかを認知させておく必要があります．カーネルにオブジェクトの登録を行うことを，μITRON では生成（creation）といいます．オブジェクトの生成方法は以下の 2 通りです．

（1）コンフィギュレーションによるシステム動作前の生成

　あらかじめ使用するオブジェクトが決まっていれば，システムを起動させる前にコンフィギュレーション（μITRON を組込んだシステムを構築して最適化すること．2.11 節で詳しく説明します）の段階で，使用するすべてのオブジェクトを，コンフィギュレータを使って生成する方法です．

　コンフィギュレータは，オブジェクトの生成などを行う GUI 形式のツールで，パソコン上で操作ができるものです（コンフィギュレータについても 2.11 節で詳しく説明します）．

（2）サービスコール発行によるシステム動作中の生成

　アプリケーションプログラム動作中にサービスコールを呼び出してオブジェクトを生成する方法です．その例を表 2.4 に示します．

表 2.4　オブジェクトを生成するサービスコール

サービスコール	機　能
ercd = cre_tsk(3, &t_ctsk);	ID = 3 のタスクを生成する
ercd = cre_sem(3, &t_csem);	ID = 3 のセマフォを生成する

　オブジェクトを生成する際は，オブジェクト固有の情報が必要になります．タスクであれば，タスクの先頭アドレスや優先度，使用するスタックサイズなどです．セマフォであれば，セマフォ資源数などです．サービスコールでオブジェクトを生成する

場合，オブジェクト固有の情報は，第2引数の構造体変数（t_ctsk，t_csem）の各メンバ（表2.5）に記載する形式になっています．

このように，アプリケーションプログラムからサービスコールを発行することで，システム動作途中でもオブジェクトを新たに生成することができます．

表2.5　タスク生成に必要な情報（t_ctsk のメンバ）

メンバ	意　味
tskatr	タスク属性
exinf	拡張情報
task	タスクの起動アドレス
itskpri	タスク起動時の初期タスク優先度
stksz	タスクスタックのサイズ
stk	タスクスタック領域の先頭アドレス

2.4　システムの状態遷移

μITRON を組込んだシステムが動作を開始すると，さまざまな状態に変化しながらプログラムが起動していきます．そのシステム状態を大別すると，図2.3 のようになります．

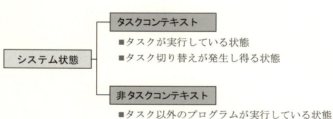

図2.3　μITRON におけるシステム状態

タスクコンテキストとは，実際にタスクそのものが動作している状態です．タスクは複数のタスクの中から選ばれたものだけが動作し，並行動作するものなので，動作途中でほかのタスクへの切り替えが起こり得る状態です．

一方，非タスクコンテキストとは，タスク以外のプログラムが動作している状態です．おもに割込みハンドラが動作している状態と考えてください．割込みハンドラは，タスクと違って，動作途中でほかのプログラムへ切り替わることはなく，いったん動

作開始すると，中断することなく処理を完了するまで動作し続けます．割込み動作について，詳しくは2.8節で説明します．

それから，ここではコンテキストを状態として解説しましたが，タスクや割込みハンドラが動作するための情報あるいはデータという意味でもコンテキストという言葉を使う場合があるので注意してください（2.6.5項では，タスクの実行状態と情報という意味でコンテキストという用語を使っています）．

図2.4に，タスクと割込みハンドラの相違をまとめます．

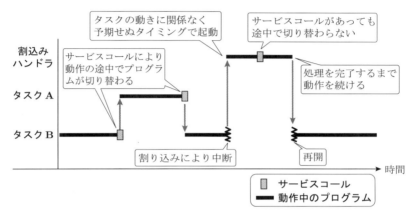

図2.4 タスクと割込みハンドラ

タスクは，リアルタイム・マルチタスクシステムを実現するためにそれぞれが独立した機能を実現したプログラムで，並行動作を行うように作成したプログラムです．カーネルへサービスコールを意図的に要求することでタスク切り替えを行って並行動作をします．一方，割込みハンドラは，CPU内部あるいは外部から発生する事象によりタスクの動きとは関係なく非同期に動作するプログラムです．割込みハンドラは，いずれのタスクよりも優先的に起動されるプログラムということになります．

2.5　タスク

これまで解説してきたように，いくつもの異なったタスクが組み合わされて一つのシステムが構成されています．タスクは，組込みシステム，つまりリアルタイム・マルチタスクシステムを作るうえで非常に重要で不可欠なものです．このタスクについて詳しく解説していきましょう．

2.5.1 タスクとは

　タスクとは，マルチタスク環境下で，ある一つの機能を実現するために独立して並行動作を行うプログラムです．たとえば，スイッチ入力あるいはセンサからの信号読み込みによって，LCD（液晶を使った表示部品，装置）に表示をしたり，メカの制御を行うシステムを考えてみましょう．図 2.5(a)に示すとおり，スイッチ入力監視プログラム，センサ監視プログラム，LCD 表示プログラム，メカ制御プログラムそれぞれがタスクということになります．それから，必ずしも一つのタスクを一つの関数として構成する必要はなく，図 2.5(b)のように，複数の関数を呼び出して一つのタスクとして構成してもかまいません．

　タスクと関数の違いを表 2.6 にまとめました．

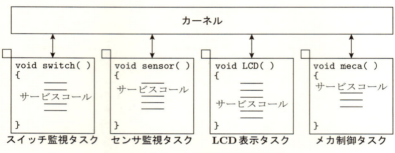

（a）タスクを一つの関数で構成した場合

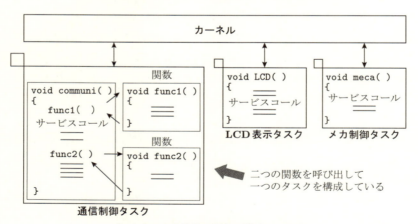

（b）タスクを複数の関数で構成した場合

図 2.5　マルチタスク構造

表2.6　タスクと関数の相違点

	関　数	タスク
記述方法	C 言語などによる通常の関数記述	
起動方法	main 関数から呼び出される	サービスコール呼び出しにより，リアルタイム OS が随時判断して起動
データの受け渡し	直接，関数間で受け渡す	リアルタイム OS を介して受け渡す
インタフェース	引数（パラメータ）	サービスコール
結合度	密結合	素結合（独立性が高い）

2.5.2　タスクの状態遷移

　タスクは，タスクコンテキストの状態下で，図2.6 のようにさまざまな状態に変化しながら並行動作していきます．タスクの状態遷移の様子を見ていきましょう．なお，本書ではマルチプロセッサシステムは想定していませんので，マイコンがシステムに 1 個だけ載っていることを想定して話を進めていきます．

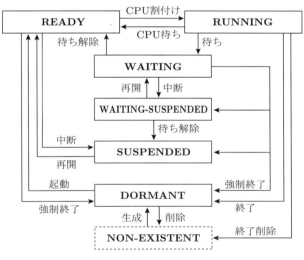

図2.6　タスクの状態遷移

（1）実行状態（RUNNING）

　実際にタスクが動作している状態です．システムにマイコンは一つしか載っていないので，複数のタスクの中で RUNNING 状態のタスクは一つしか存在しないことになります．

（2）実行可能状態（READY）

　タスクが動作する条件が整っているが，ほかの優先順位の高いタスクが RUNNING で動作しているため動作できないでいる状態です．通常，この READY 状態のタスクが一つのシステムに複数存在します．事象の発生に応じて，カーネルがタスクの優先度に従って READY から RUNNING へ移行させます．

　つぎの三つの状態は，広い意味で待ち状態として定義されており，動作を中断して何らかの条件成立を待っている状態です．

（3）待ち状態（WAITING）

　タスク自身がプログラム動作中（つまり RUNNING で動作中）に，何らかの事象の発生を待つために，自ら実行を中断した状態です．ほかのタスクからの指示では WAITING には遷移しません．必ず自らの指示によって WAITING に遷移します．自分自身が要求した事象が発生すると，WAITING から READY に移行します．

（4）強制待ち状態（SUSPENDED）

　ほかのタスクからの要求によって，タスク自身の意思とは関係なく強制的に中断させられた状態です．

（5）二重待ち状態（WAITING-SUSPENDED）

　待ち状態と強制待ち状態が重なった状態です．待ち状態のタスクに対して，強制待ち状態への移行要求があった場合に，二重待ち状態になります．

（6）休止状態（DORMANT）

　カーネルに登録されただけの状態で，まだ起動要求を受けてない状態です．つまり，タスクを生成しただけの状態（cre_tsk サービスコールやコンフィギュレータによって生成されただけの状態）で，タスクが動作していない状態です．また，タスクを終了した状態でもあります．つまり，タスクは，生成しただけでは DORMANT になるだけで動作しません．起動要求を受けることで READY になり，その後，自分の処理順番になったときに RUNNING になり，動作するのです．

（7）未登録状態（NON-EXISTENT）

　カーネルに登録されていない状態です．つまり，タスクを生成する前の状態（cre_tsk サービスコールやコンフィギュレータによって生成される前の状態）です．

WAITING と DORMANT の違いは，WAITING はタスクが途中で中断してい
る状態ですが，DORMANT はタスクが動作終了，あるいはタスクが動く前の初期
状態を示しています．つまり，WAITING から RUNNING に移行したタスクは，
プログラムが中断していたところから動作します．DORMANT から READY を介
して RUNNING に移行したタスクは，タスクのプログラムの先頭から動作します．
これをタスクの起動といいます．READY と RUNNING の間は，カーネルが状態
遷移を行いますが，ほかの状態遷移については，アプリケーションプログラムからサー
ビスコール呼び出しにより行われます．

　ここで覚えていただきたいのは，RUNNING，READY，WAITING の三つの状態
遷移です．マルチタスク動作が始まると，タクスはほぼこの三つの状態を中心に変化
していくことになるので，次節以降，三つの状態に着目すると，理解が深まるでしょう．

2.6 μITRON の心臓部 タスクのスケジューリング

　タスクは，さまざまな状態に変化しながら，マルチタスク環境下で動作していくと
いうことを前節で解説してきました．これらの各タスクの実行順序を制御することを
タスクのスケジューリングといいますが，本節では，このタスクのスケジューリング
がどういうルールで行われるかについて解説していきます．

2.6.1 プリエンプティブとノンプリエンプティブ

　タスクのスケジューリング方式は，プリエンプティブ（preemptive）スケジュー
リングとノンプリエンプティブ（non-preemptive）スケジューリングに分けること
ができます．プリエンプティブスケジューリングは，図 2.7(a)に示すように，ある
タスクが実行途中であっても，それよりも緊急な要求があった場合，緊急処理を行う
タスクへ切り替えを行う方式です．

　一方，ノンプリエンプティブスケジューリングは，図 2.7(b)に示すように，ある
タスクが一度実行を開始すると，その処理が終了するまで実行を続け，途中で緊急な
要求があってもほかのタスクへの切り替えを行わない方式です．μITRON は，もち
ろんプリエンプティブスケジューリング方式であり，リアルタイム性を重視し，緊急
要求に即対応ができるようになっています．

ある処理が実行途中であっても，ほかの処理への切り替えが必要なとき，処理の切り替えを行う．

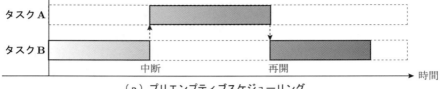

（a）プリエンプティブスケジューリング

ある処理が一度実行を開始すると，その処理が終了するまで実行し，ほかの処理の切り替えを行わない．

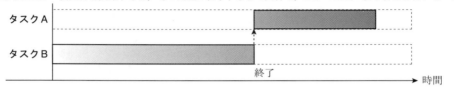

（b）ノンプリエンプティブスケジューリング

図 2.7 プリエンプティブとノンプリエンプティブ

2.6.2 優先度ベーススケジューリングと FCFS スケジューリング

μITRON は，実際にどのようなルールに従ってタスクをスケジューリングするのかを解説します．カーネルは，複数の READY 状態のタスク中でもっとも優先度の高いタスクを一つだけ RUNNING 状態に移行させて，タスクを実行させます．タスク優先度は，タスクの処理優先順位を決定するもので，数値で表します．値が小さいほど高い優先順位です．つまり，タスク優先度＝1で指定されたタスクがもっとも高い優先順位となります．タスク優先度は，各タスクを生成するときに設定しておきます．

一方，同じ優先度の READY 状態のタスクが複数存在する場合は，FCFS（First Come First Served）のルールに従って，タスクを実行させます．FCFS とは，先着順という意味で，つまり，READY 状態になった順番でタスクを実行させます．カーネルは，このスケジューリング方式を実現するために，カーネル内部でレディキュー（Ready Que）というキュー構造（複数の要求を待ち行列で管理する仕組み）を使います．

レディキューは，READY 状態のタスクをタスク優先度ごとに待ち行列で管理する構造になっていて，カーネルが READY から RUNNING に移行させるタスクを検索するための仕組みだと考えてください．図 2.8 に示すように，縦軸の優先順位は，タスク優先度ごとに上から下位方向に並んでいるので，上位のタスクほど優先順位が高くなります．横軸の優先順位は，FCFS つまり先着順にタスクがキューにつなが

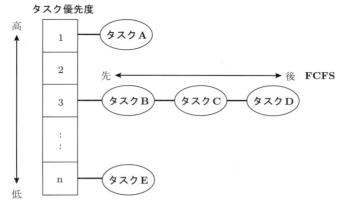

図2.8　レディキュー

れるので，先頭キュー，つまり左側のタスクほど優先順位が高くなります.

　たとえば，レディキューが図2.9のような状態の場合，最高優先度のタスクAが RUNNING に移行しプログラム実行を開始します. この場合，タスクAはレディキューにつながったままで，キューからはずされるわけではありません.

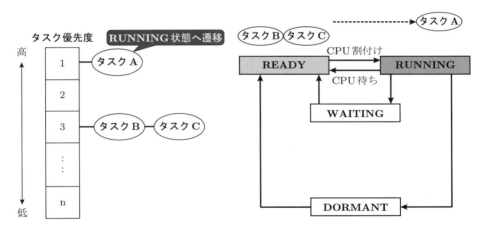

図2.9　レディキューとタスクの状態遷移の様子①

　つぎに，図2.10のようにタスクAが WAITING あるいは DORMANT に移行すると，タスクAはレディキューからはずされます. このときにカーネルは再びスケジューリングを行い，つぎの優先順位のタスクBを RUNNING に移行させて，タスクBを実行します.

　さらに，図2.11のようにタスクBが WAITING あるいは DORMANT に移行す

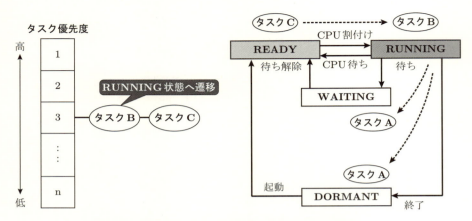

図 2.10 レディキューとタスクの状態遷移の様子②

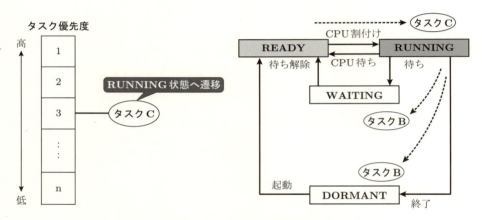

図 2.11 レディキューとタスクの状態遷移の様子③

ると，今度はタスク B がレディキューからはずされ，つぎの優先順位のタスク C が
RUNNING に移行し実行を開始します．

　そして，図 2.12 のようにタスク A が WAITING から READY に移行すると，カー
ネルはスケジューリングを行い，タスク C を READY に移行して，タスク C より
優先順位の高いタスク A を RUNNING に移行して，タスク A は中断していたとこ
ろから実行を再開します．

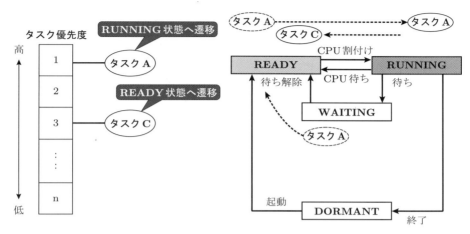

図 2.12　レディキューとタスクの状態遷移の様子④

2.6.3　イベントドリブンスケジューリング

　つぎに，カーネルがスケジューリング（タスク切り替え）を行うタイミングを考え
てみましょう．一般的には，時分割方式とイベントドリブン方式に分けることができ
ます．時分割方式は，タイムシェアリング（Time Sharing）方式ともいい，一定時
間ごとにタスクを切り替える方式です．UNIX 系の OS はこの方式です．

　イベントドリブン方式は，何らかの外部事象が発生したタイミングでスケジューリ
ングを行う方式です．何らかの事象とは，タスクからのサービスコールの発行，あ
るいは，サービスコールを発行した割込みハンドラの終了を示します．μITRON は，
リアルタイム性を重視した OS なので，イベントドリブンによるスケジューリング方
式を採用しています．

　図 2.13 に，三つのタスクから構成されているシステムを例に，イベントドリブン
により時系列にタスクが切り替わる様子を示します．

　いま，タスク B のみが READY なので RUNNING で動作していて，タスク A は
DORAMNT，タスク C は WAITING であるとします．タスク優先度は，それぞれ，
タスク A ＝ 1，タスク B ＝タスク C ＝ 2 で，タスク A の優先順位が最高位で，タス
ク B，C は同一優先度です．

① 　最初はタスク B のみが READY なので，そのままタスク B が RUNNING に
　　移行し，プログラムの実行をしています．レディキューの様子は図 2.14 のよう
　　になります．

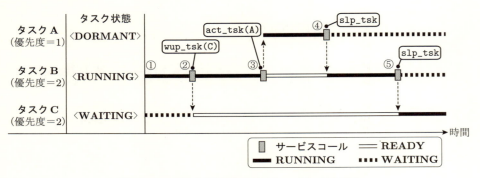

図 2.13　イベントドリブンスケジューリングの様子

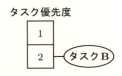

図 2.14　レディキューの様子①

②　タスク B がタスク C を WAITING から READY に移行させるサービスコール（wup_tsk(C)）を発行すると，タスク C も READY になり，レディキューの様子は図 2.15 のようになります．このとき，タスク B は READY のままなので，FCFS のルールにより，タスク切り替えは行われずに，そのままタスク B が動作を継続します．

図 2.15　レディキューの様子②

③　タスク B がタスク A を DORMANT から READY に移行させるサービスコール（act_tsk(A)）を発行すると，タスク A も READY になり，レディキューの様子は図 2.16 のようになります．このとき，タスク A が最高優先順位なので，タスク B からタスク A へ切り替えが行われ，タスク B は処理を中断し，タスク

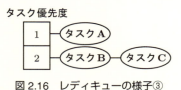

図 2.16　レディキューの様子③

A が実行を始めます.

④　タスク A が自ら WAITING に遷移するサービスコール（slp_tsk()）を発行すると，タスク A はレディキューからはずれ，レディキューの様子は図 2.17 のようになります. このとき，タスク B が最高優先順位なので，再度，タスク切り替えが行われ，タスク B は，先ほど③で中断した箇所からプログラムが再開します.

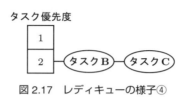

タスク優先度

図 2.17　レディキューの様子④

⑤　タスク B が自ら WAITING に遷移するサービスコール（slp_tsk()）を発行すると，タスク B はレディキューからはずれ，レディキューの様子は図 2.18 のようになり，タスク C が動作を始めます.

タスク優先度

図 2.18　レディキューの様子⑤

このように，異なる優先度のタスクについては，タスク優先度にもとづいてタスク切り替えが行われ，同じ優先度のタスクについては，FCFS のルールでタスク切り替えが行われます. また，タスクが切り替わるタイミングは，必ずサービスコールが基点になっています. つまり，せっかく複数のタスクをプログラミングしても，タスクからサービスコールを発行していないと，タスク切り替えが行われず同じタスクだけが永久に動作し続けることになります.

ここで，使用したサービスコールを表 2.7 に示します.

なお，タスク切り替えのことをディスパッチ（dispatch）あるいはタスクスイッチとよぶことがあります. 厳密にいうと，READY から RUNNING に移行することをディスパッチ（dispatch），RUNNING から READY に移行することをプリエンプト（preempt）とよびます.

表 2.7　タスク関連のサービスコール(1)

サービスコール	C 言語 API（機能）
act_tsk （タスクの起動）	ER ercd = act_tsk(ID tskid); （tskid で指定したタスクを DORMANT から READY に移行させる）
wup_tsk （タスクの起床）	ER ercd = wup_tsk(ID tskid); （tskid で指定したタスクを WAITING から READY に移行させる）
slp_tsk （タスクの起床待ち）	ER ercd = slp_tsk(); （自ら RUNNING から WAITING に遷移する）

注：ER や ID はデータ型を示します．μITRON では，専用のデータ型を定義していて，たとえば ID
　　型は符号付き整数型として規定されています．

2.6.4　ラウンドロビンスケジューリング

　μITRON はイベントドリブン方式が基本ですが，一定時間ごとにタスクを切り替え
る TSS（Time Sharing System）も実現できます．実際には，ラウンドロビンス
ケジューリングという方式を使って TSS を実現します．ラウンドロビンスケジュー
リングとは，同じ優先度の複数のタスクに対して，レディキューの待ち行列を一定周
期時間ごとにローテーションすることで，タスクを一定周期ごとに次々と切り替えて
いく方式です．タスクの実行時間を平均化するためのスケジューリング方式です．

　図 2.19 に，ラウンドロビンスケジューリングにより時系列にタスクが切り替わる
様子を示します．レディキューの待ち行列をローテーションするサービスコールは
rot_rdq です．この場合，周期的に動作するプログラムとしてタイマ割込みハンドラ
（割込みハンドラの詳細は 2.8 節を参照）を使います．割込みハンドラは非タスクコ
ンテキストなので，非タスクコンテキスト用の irot_rdq を使います．

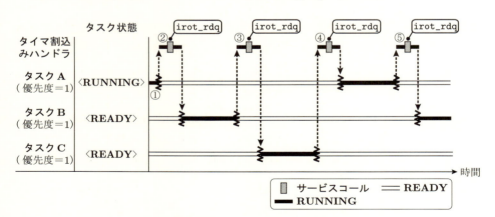

図 2.19　ラウンドロビンケジューリングの様子

　ここで，三つのタスクが一定周期でローテーションされる例を考えましょう．ラウンドロビンでタスクをローテーションするために，タスク優先度はすべてのタスクについて同じ優先度にしておきます．いま，タスク A が RUNNING で動作していて，タスク B も C も READY であるとします．

①　タスク A が FCFS に従って RUNNING でプログラムの実行をしています．レディキューの様子は図 2.20 のようになります．

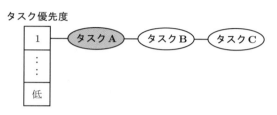

図 2.20　レディキューの様子①

②　タスク A が起動中ですが，タイマ割込みハンドラが起動して，タスク A が中断します．タイマ割込みハンドラから，レディキューをローテーションするサービスコール（irot_rdq(1)）を発行すると，レディキューの様子は図 2.21 のようになります．先頭キューが入れ替わり，タイマ割込みハンドラが終了すると，タスク切り替えが行われ，タスク B が実行を始めます．

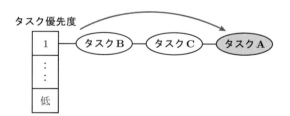

図 2.21　レディキューの様子②

③　②と同様に，タスク B が起動中に，タイマ割込みハンドラが起動して，タイマ割込みハンドラから，レディキューをローテーションするサービスコール（irot_rdq（1））を発行すると，レディキューの様子は図 2.22 のようになります．先頭キューが入れ替わり，タイマ割込みハンドラが終了すると，タスク切り替えが行われ，タスク C が実行を始めます．

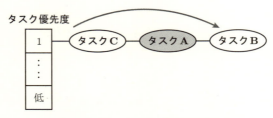

図 2.22　レディキューの様子③

④　さらに，タスク C が起動中に，タイマ割込みハンドラが起動して，タイマ割込みハンドラから，レディキューをローテーションするサービスコール（irot_rdq(1)）を発行すると，レディキューの様子は図 2.23 のようになります．先頭キューが入れ替わり，タイマ割込みハンドラが終了すると，タスク切り替えが行われ，タスク A が②で中断していたところからプログラムが再開します．

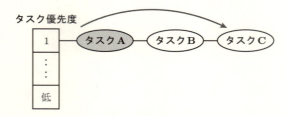

図 2.23　レディキューの様子④

⑤　以降は，これまでの繰り返しになります（図 2.24）．

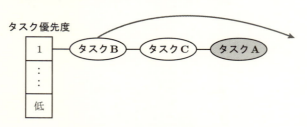

図 2.24　レディキューの様子⑤

このように，ラウンドロビンスケジューリングによって，TSS を作ることができます．ここで，使用したサービスコールを表 2.8 に示します．

μITRON では，イベントドリブンスケジューリング，あるいは，ラウンドロビンスケジューリングを単独で使うのではなく，イベントドリブンスケジューリングとラウンドロビンスケジューリングを併用してスケジューリングすることもできます．

表 2.8 タスク関連のサービスコール(2)

サービスコール	C 言語 API（機能）
rot_rdq （タスクのローテーション / タスクコンテキスト用）	ER ercd = rot_rdq(PRI tskpri); （tskpri で指定した優先度のタスクをローテーションする）
irot_rdq （タスクのローテーション / 非タスクコンテキスト用）	ER ercd = irot_rdq(PRI tskpri); （tskpri で指定した優先度のタスクをローテーションする）

2.6.5 マルチタスク動作の原理

これまで説明してきたように，μITRON のスケジューリングによって，複数のタスクが，あたかも一つのマイコン上で同時に動作しているように見せることができるわけです．これがマルチタスク動作です．今度はマルチタスク動作の原理について考えてみましょう．

マルチタスク動作は，図 2.25 に示すとおり，マイコンから見ると，複数のタスクをサービスコールによってタスクを切り替えながら順次一つずつ動かしているにすぎません．しかし，各タスクはタスク切り替え後に再度そのタスクが動作するときに，中断したところからきちんとプログラムを再開するので，タスク本体から見れば自分がほかのタスクに切り替わっていることを意識せずに，連続してほかのタスクと同時に並行動作しているかのように見えるのです．

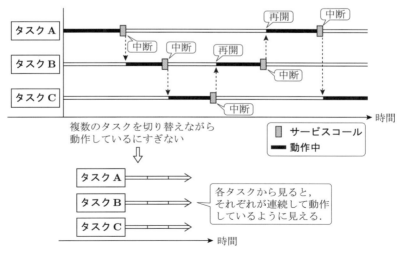

図 2.25 タスクスケジューリングによるマルチタスク動作

　たとえば，リスト2.1のようにタスクが動作中にどこでどのタスクへ切り替わったとしても，タスク内のローカル変数の値は，きちんと元の値を保持したまま動作再開することができるのです．

　μITRON によるマルチタスク動作は，各タスクが動作・中断を繰り返しながら行われるのは前述したとおりです．

▼リスト2.1　タスク内のローカル変数

```
void  task(void)
{
      int  x=38;                    ローカル変数
         while(1){
           int  cnt=0;
           slp_tsk();               どこでタスク切り替えが行われても，
                :                   タスク内のローカル変数の値は，タスク
                :                   切り替え前の値が保持される．
           rot_rdq(2);
         }
}
```

　さて，各タスクが中断・再開後も正常に動作するためには，CPU の汎用レジスタ値やタスク内のローカル変数をどこかに保持しておいて，再開時には元の値に戻してから動作させる必要があります．そこで，μITRON はタスクを切り替える際に，タスクがもっている情報をタスクごとに保持しておいて，タスクが再開する際に元の情報に戻して動くようにしています．このように，タスクが動作するために必要な情報をタスクコンテキストといいます．

　タスクコンテキストは，タスク中断時のプログラムカウンタや各レジスタ値などの CPU の状態を示し，このタスクコンテキストとローカル変数や関数呼び出しに使うデータなどは，タスク切り替え時にスタック領域を使って退避されます．つまり，タスクごとにそれぞれスタックを準備しておく必要があるわけです．

　スタックとは，保存するデータを積み上げていく仕組みで，LIFO（Last-In, First-Out）で管理されます．LIFO とは，最後に入ったデータを最初に取り出すという意味で，たとえば，箱の中に本を積み上げて保存している状態を思い浮かべればよいでしょう．つまり，図2.26 に示すように，各タスクはタスクコンテキストを保存するための箱をメモリ上にもっていて，タスク切り替え時に，その箱の中から必要なデータを取り出して動いているわけです．

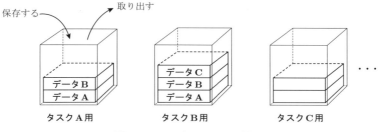

図 2.26　タスクスタックの様子

　まとめると，図 2.27 のようにタスクを切り替えるという行為は，このタスクコンテキストを切り替える行為そのもので，タスク切り替えのときは，各タスクがもっているスタックも切り替えられます．このような処理をカーネルが行ってくれるため，マルチタスク動作が実現できるわけです．

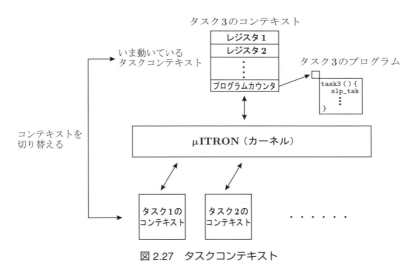

図 2.27　タスクコンテキスト

2.7　タスク間の同期と通信

　前節までは，μITRON の基本的なスケジューリングの仕組みとマルチタスク動作を解説してきました．マルチタスクシステムにおいて，同期と通信は複数のタスクが協調して動作するための手段となるものです．μITRON は，この同期・通信を実現する手段をたくさんもっています．本節では，実際に，タスク間の同期・通信をどのように行うかを解説していきましょう．

2.7.1　同期・通信の考え方

　同期（synchronization）とは，複数のタスク間でタスクの依存関係に合わせてその進捗状況に応じて各タスクの実行を調整することです．たとえば，ある一つの仕事を二人で分担する際に，A さんの仕事が終わってから A さんの仕事の結果に従って B さんが仕事をすると，A さんと B さんは同期をとっていることになります．

　通信（communication）とは，タスクの処理結果や必要な情報をタスク間で伝達することです．同期と通信は，実は同時に発生しています．A さんが仕事を終えて B さんにバトンタッチする場合，とくに与える情報がなくても，少なくとも「仕事が終了したよ」という信号（情報）を通信していることになるからです．

　マルチタスクシステムの世界では，この同期・通信は不可欠な機能であり，こういった仕組みをあちらこちらで構成しながらシステムを作っていきます．

　同期・通信の基本パターンを図 2.28 に示します．通常，同期をとる場合，事象発生を通知する側と事象発生通知を受ける側が相互一対の関係になっています．事象発生を通知する側は，割込みハンドラやタスクによって事象発生通知を行うサービスコールを発行します．その事象発生通知を受けて仕事をする側のタスクは，事象発生を待つサービスコールを発行します．このように，事象発生を待つサービスコールと事象通知を行うサービスコールが対になっていますので，今後意識して読み進めるとよいでしょう．

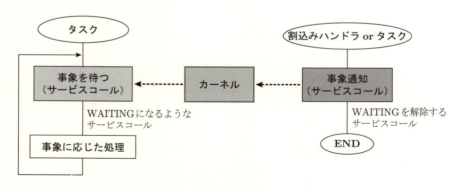

図 2.28　同期・通信の基本パターン

　この同期・通信を行うための機能を µITRON はたくさん装備しています．その中で基本的なものを取りあげて解説していきましょう．

2.7.2　タスク付属同期

μITRON の同期の方法には，タスク付属同期とタスク以外のオブジェクトを使った同期の方法がありますが，ここでは，タスク付属同期を解説します．タスク付属同期は，対象になるタスクの状態を直接操作して同期を行う機能です．おもに，slp_tsk と wup_tsk による同期と sus_tsk と rsm_tsk による同期の方法があります．

（1）　slp_tsk と wup_tsk による同期

一番簡易な方法は，2.6.3 項で触れた slp_tsk（タスクの起床待ち）と wup_tsk（タスクの起床）による同期です．図 2.29 に示すように，自らが slp_tsk サービスコールによって待ち状態で待機しておいて，ほかのタスクから処理が終わったという通知をもらう方法です．処理完了の通知は，wup_tsk サービスコールで行います．この同期によって，先ほどまで待機していたタスクが，今度は自分の処理を始めるわけです．

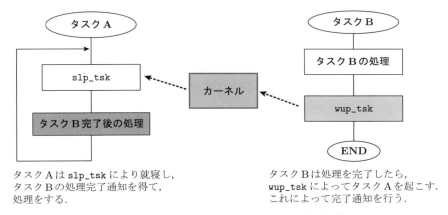

図 2.29　slp_tsk と wup_tsk によるタスク付属同期

さらに，非同期に発生する割込みハンドラから事象発生を通知してもらって，それに対応した処理をする場合にも，slp_tsk（タスクの起床待ち）と iwup_tsk（タスクの起床）を使用できます．

図 2.30 に示すように，自らが slp_tsk サービスコールによって待ち状態で待機しておいて，割込みハンドラから事象発生通知をしてもらう方法です．事象発生通知は，iwup_tsk サービスコールで行います（サービスコールの発行元が非タスクコンテキストの場合，サービスコールの先頭に "i" を付けます）．この同期によって，先ほどまで待機していたタスクが，事象発生に対応してリアルタイムに自分の処理を始めることができます．このサービスコールを表 2.9 に示します．

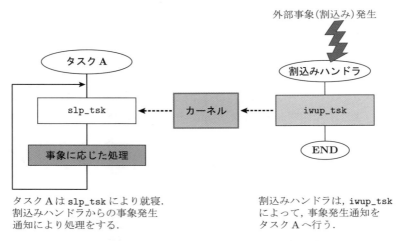

図 2.30 slp_tsk と iwup_tsk によるタスク付属同期

表 2.9 タスク関連のサービスコール(3)

サービスコール	C 言語 API（機能）
slp_tsk （タスクの起床待ち）	ER ercd = slp_tsk(); （自ら RUNNING から WAITING に遷移する）
wup_tsk （タスクの起床 / タスクコンテキスト用）	ER ercd = wup_tsk(ID tskid); （tskid で指定したタスクを WAITING から READY に移行させる）
iwup_tsk （タスクの起床 / 非タスクコンテキスト用）	ER ercd = iwup_tsk(ID tskid); （tskid で指定したタスクを WAITING から READY に移行させる）

slp_tsk と wup_tsk による同期は，簡単に同期をとれる方法ですが，デメリットも
あります．タスクを直接指定して操作するので，処理完了を通知したり事象発生を通
知したりする側のタスクは，待ち側のタスク ID を知っておく必要があります．この
ため，タスク間の関係が密になり独立性が損なわれるので，拡張性に優れているとは
いえません．ただし，割込みハンドラとタスクの関係をあえて密にしておいたほうが
よいケースもあるので，この場合は slp_tsk と iwup_tsk で同期をとる方法は非常に
有効な手段になります．

（2）sus_tsk と rsm_tsk による同期

タスク付属同期のもう一つの方法は，sus_tsk（タスクの強制待ち）と rsm_tsk（タ
スクの強制待ち解除）による同期です．図 2.31 に示すように，相手側を sus_tsk サー
ビスコールによって強制待ち状態（SUSPENDED）で待機させておいて，自らの処
理が終わったら，強制中断（SUSPENDED）を解除してあげるという方法です．処

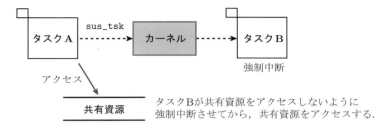

図 2.31 sus_tsk と rsm_tsk によるタスク付属同期

理完了の通知，つまり強制中断の解除は，rsm_tsk サービスコールで行います．この
方法は，相手側を強制中断させて自分だけが動くようにするという多少強引な方式な
ので，あまり好ましい方法ではありません．このサービスコールを表2.10に示します．

表 2.10 タスク関連のサービスコール(4)

サービスコール	C 言語 API（機能）
sus_tsk （タスクを強制待ちへ移行）	ER ercd = sus_tsk(ID tskid); （tskid で指定したタスクを READY から SUSPENDED に移行させる）
rsm_tsk （タスクの強制待ちから再開）	ER ercd = rsm_tsk(ID tskid); （tskid で指定したタスクを SUSPENDED から READY に移行させる）

2.7.3 イベントフラグによる同期・通信

前項では，μITRON の同期の方法としてタスク付属同期を取りあげて解説してき
ました．本項以降では，タスク以外のオブジェクトを使った同期・通信機能を解説し
ていきますが，まず，その中でももっとも代表的なイベントフラグを使った同期・通
信機能を解説しましょう．

（1）イベントフラグとは

イベントフラグ（eventflag）は，事象が発生したかどうかをビット情報（1/0）
で表現して複数の事象に対するタスク間の同期を行うオブジェクトです．ビット '1'
であれば事象発生を示し，ビット '0' であれば事象がまだ発生してないことを示しま
す．図 2.32 に示すように，イベントフラグはビットの集合体で構成されていて，通

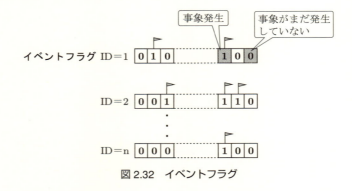

図 2.32 イベントフラグ

常32ビットで構成されているので，32種類の事象に対して同期を行うことができます．この32ビット構成のイベントフラグがID番号によって複数個管理されています．

前節で説明したタスク付属同期は一つの事象に対する同期しか扱えません．たとえば，slp_tskで待つタスクをiwup_tskあるいはwup_tskで一つの事象発生通知により起床させることはできますが，複数の事象がそろったときに起床させるようなことはできません．しかし，イベントフラグでは，このような複数の事象に対する同期が可能になるのです．たとえば，イベントフラグを使って，図2.33のようなことが実現できるようになります．

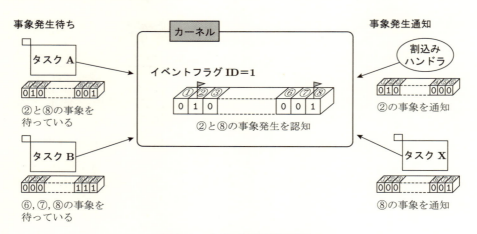

図 2.33 イベントフラグの概要

タスクAは事象②と⑧が発生したら動作したい，タスクBは事象⑥と⑦と⑧が発生したら動作したい，といった場合，事象の発生通知は，割込みハンドラが②を通知する，タスクXが⑧を通知するといった具合に，役割分担を割込みハンドラあるいはタスクで構成します．実際には，イベントフラグの各ビットの意味をあらかじめ決

めておいて，複数の事象に対する同期を実現するわけです．

（２）イベントフラグによる同期・通信

　さて，実際にイベントフラグによる同期を実現するサービスコールを見てみましょ
う．図2.34に示すように，事象発生により仕事をするタスクは，あらかじめ wai_flg
サービスコールによって待ち事象（待ちビットパターン）を引数で指定してイベント
待ち状態で待機させておいて，事象発生時には，割込みハンドラから事象発生通知を
してもらう方法です．事象発生を通知する側は，set_flg あるいは iset_flg サービスコー
ルで，発生した事象（セットするビットパターン）をセットすることで事象発生通知
を行います．このサービスコールを表2.11に示します．

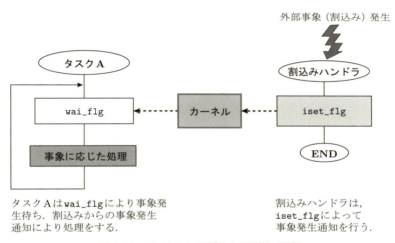

図2.34　イベントフラグによる同期・通信

表2.11　イベントフラグのサービスコール(1)

サービスコール	C 言語 API（機能）
wai_flg （イベントフラグ待ち）	ER ercd = wai_flg(ID flgid, FLGPTN waiptn, MODE wfmode, FLGPTN *p_flgptn); （自ら RUNNING から WAITING に遷移し，flgid で指定したイベントフラグに waiptn で指定したビットがセットされるまで待つ．）
set_flg （イベントフラグのセット / タスクコンテキスト用）	ER ercd = set_flg(ID flgid, FLGPTN setptn); （flgid で指定したイベントフラグに setptn で指定したビットをセットする．イベント待ちのタスクを WAITING から READY に移行させる．）
iset_flg （イベントフラグのセット / 非タスクコンテキスト用）	ER ercd = iset_flg(ID flgid, FLGPTN setptn); （flgid で指定したイベントフラグに setptn で指定したビットをセットする．イベント待ちのタスクを WAITING から READY に移行させる．）

（3）イベントフラグによるスケジューリング

　2.6.2 項と 2.6.3 項で解説した µITRON のスケジューリング・ルールを思い出しながら，イベントフラグを使って時系列にタスクが切り替わる様子を見ていきましょう．図 2.35 にその様子を示します．

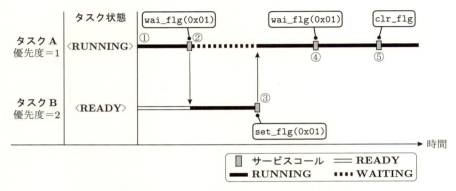

図 2.35　イベントフラグによるスケジューリングの様子

　二つのタスクがイベントフラグにより同期を行う様子を例として解説しましょう．
　いま，タスク A が RUNNING で動作していて，タスク B が READY です．タスク優先度はタスク A ＝ 1，タスク B ＝ 2 で，タスク A のほうがタスク B よりも優先順位が高いとします．話を簡単にするためにイベントフラグは 8 ビット（通常は 32 ビット構成）として考えます．イベントフラグは初期値＝ 0x00 とします．

① 　タスク A のほうが優先度が高いので，タスク A が RUNNING でプログラムの実行をしています．レディキューとイベントフラグの様子は図 2.36 です．

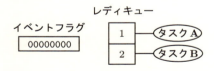

図 2.36　レディキューとイベントフラグの様子

② 　タスク A が，事象発生を待つために，wai_flg サービスコールを発行します．要求する事象は，waiptn（待ちビットパターン）＝ 0x01 として引数で指定します．waiptn＝0x01 なので，ある一つの事象を待つという要求です．このとき，カーネル内のイベントフラグの状態は 0x00 で，まだ要求する事象は発生していないことになるので，タスク A は WAITING に遷移し，タスク A からタスク B へタスク切り替えが行われます．そのときのレディキューの様子は図 2.37 です．

図 2.37　レディキューの様子

③　タスク B が，事象の発生を通知するために，set_flg サービスコールを発行します．通知する事象は，setptn（セットするビットパターン）＝ 0x01 として引数で指定します．setptn=0x01 なので，ある一つの事象を通知するということになります. set_flg によって，カーネル内のイベントフラグの状態は論理和（OR）をとった 0x01 になり，ちょうどこのビットのイベント発生を待っているタスク A が条件成立して，WAITING から READY に移行します．このとき，レディキューの様子は図 2.38 のようになり，タスク A が最高優先順位なので，再度，タスク切り替えが行われ，先ほど②で中断した箇所からタスク A のプログラムが再開します．このようにして，イベントフラグを使って同期を実現できるわけです．

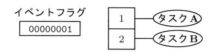

図 2.38　レディキューとイベントフラグの様子

④　再度，タスク A が事象発生を待つために wai_flg サービスコールを発行すると，カーネル内のイベントフラグの状態が 0x01 のままなので，要求する事象が発生していることになります．よって，タスク A は WAITING にならずにそのままプログラムの実行を継続することになります．そこで，⑤で示すように，clr_flg サービスコールでイベントフラグを 0 クリアしておく必要があります．

（4）イベントフラグのクリア

　通常，事象発生に応じて処理をするタスクは，図 2.34 のように，永久ループの先頭で wai_flg サービスコールを発行しますので，事象発生を受けて，それに応じた処理をしたあとに，カーネル内のイベントフラグを 0 クリアしておく必要があります．そうしないと，イベントフラグ＝ '1' の状態のままになってしまい，カーネル内で事象が発生した状態が永久に続くことになり，wai_flg サービスコールによりイベント待ち（WAITING）にならずに継続動作してしまうので，プログラムが永久ループすることになります．

カーネル内のイベントフラグをクリアする方法は，以下の2種類です．

（ⅰ）clr_flg サービスコールを発行する方法

　　これはプログラム内で任意のタイミングで意図的にクリアする場合に使用します．図2.35 の動作例の場合，⑤のタイミングにより意図的に clr_flg サービスコールでイベントフラグを0クリアしています（表2.12）．

（ⅱ）イベントフラグを生成時に「クリア指定」を行う方法

　　wai_flg を発行したタスクがイベント待ち（WAITING）が解除されたときに，カーネルが，カーネル内のイベントフラグを0クリアする属性指定です．図2.35 の動作例の場合，もし「クリア指定」があれば，③のタイミングでイベントフラグは0クリアされます．このとき，イベントフラグのすべてのビットがクリアされます．

表2.12　イベントフラグのサービスコール(2)

サービスコール	C 言語 API（機能）
clr_flg （イベントフラグのクリア）	ER ercd = clr_flg(ID flgid, FLGPTN clrptn); （flgid で指定したイベントフラグを clrptn で指定したビットとの論理積（AND）をとる．つまり，clrptn で指定したビットが0の箇所をクリアする．）

（5）イベントフラグの待ち条件

　これまで詳しく解説しませんでしたが，イベントフラグにより事象発生を待つ場合，待ち条件を任意に選択できます．待ち条件には AND 待ちと OR 待ちの2種類があります．図2.33 のタスク B を例に説明すると，AND 待ちは，⑥，⑦，⑧の三つの事象がすべてそろうまで待つもので，OR 待ちは，⑥，⑦，⑧の三つの事象のうちいずれかの事象が発生するまで待つものです．

　AND と OR は使用用途に応じて選択します．いうまでもなく，AND 待ちの場合と OR 待ちの場合では，同じ事象のイベント待ちであっても WAITING が解除されて動作するタイミングが違ってきます．図2.39 に AND 待ちと OR 待ちの動作の違いを示します．

（6）イベントフラグの使用例

　OR 待ちを利用して，事象の異なる要因の待ち合わせ処理を行う例を紹介しましょう．たとえば，二つの異なる事象のいずれかが発生したときに，それぞれ異なった処理をする単純なシステムを想定します．リモコンキーを押すと処理 A を行い，システム本体に設置してあるキーを押すと別の処理 B を行うシステムです．このシステムをイベントフラグの OR 待ちを利用して実現した例が図2.40 です．

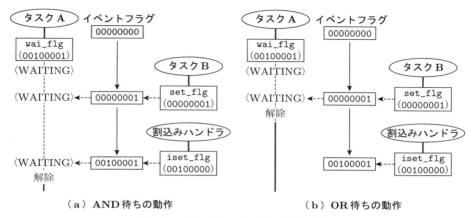

（a）**AND 待ちの動作**　　　　　（b）**OR 待ちの動作**

図 2.39　AND 待ちと OR 待ちの動作の違い

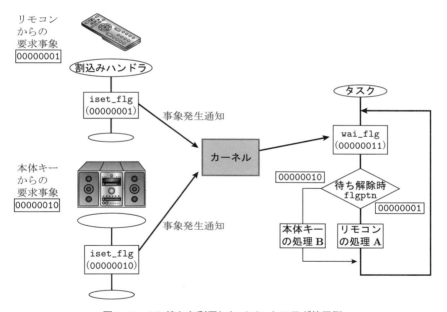

図 2.40　OR 待ちを利用したイベントフラグ使用例

　二つの異なった事象について，実際にリモコンを押した場合とシステム本体のキーを押した場合をそれぞれ別要因の割込みとして設定します．割込みハンドラからは，iset_flg サービスコールで事象発生通知を行うだけのプログラミングにしておきます．このときにビットの意味を区別しておきます．この場合，イベントフラグが 0x01 のときはリモコン，0x02 のときはシステム本体キーというようにあらかじめ決めておきます．

　これらの事象に対応した処理はタスク内にプログラミングします．永久ループの先頭で wai_flg サービスコール（waiptn=0x03 で OR 待ちを指定）で待機しておきます．イベントにより wai_flg の WAITING 解除になったときに，カーネルから wai_flg のリターンパラメータとして，待ち解除時のイベントフラグの値（flgptn）が返ります．wai_flg のリターンパラメータ flgptn の値によって，処理を区別させることができます．このようにして，二つの異なった事象発生に対応した処理を一つのタスクで実現できます．

　イベントフラグを使わずに，二つの事象に対応した処理をタスクではなく，割込みハンドラにそのままプログラミングしても同じ内容のことを実現できます．しかし，これでは割込みハンドラのプログラムが大きくなりすぎて，割込み応答性の悪いシステムになってしまいます．そこで，複数事象の待ち合わせ処理を，リアルタイム性を向上させながら構築する場合，イベントフラグによる同期処理は有効な手段になるのです．

（7）イベントフラグによるデータ通信

　イベントフラグは事象発生を通知する機能であり，そもそもデータ通信はできません．しかし，イベントフラグを応用して，タスク間のデータの受け渡しとして使用することができます（なお，本来のメッセージ通信機能については 2.7.5 項以降で紹介します）．イベントフラグ長（32 ビット）以内の少量データであれば，イベントフラグの OR 待ちを使ってデータの受け渡しができます．

　図 2.41 に，イベントフラグを使ったデータ受け渡しの様子を示します．

　送信タスク A は，渡したいデータを引数 setptn に入れて set_flg サービスコールを発行します．受信タスク B は，wai_flg サービスコール（waiptn=0xFF で OR 待

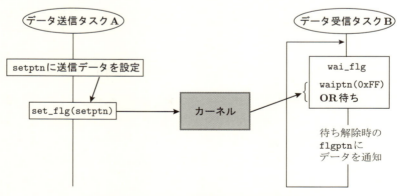

図 2.41　イベントフラグを使ったデータ受け渡し

ちを指定）で待機しておきます．このとき，どのビットがセットされても待ち解除されるように，待ちビットパターンはすべて1を立てて0xFFを指定しておくことが重要です．待ちモードはもちろんOR待ちを設定しておきます．送信タスクAの事象発生通知により，受信タスクBが待ち解除されると，待ち解除時のイベントフラグの値（flgptn）に送信タスクAが受け渡したデータがそのまま返されます．

　このようにしてイベントフラグにより少量データの受け渡しができますが，イベントフラグはビットを立てて（ビット＝'1'で）事象発生通知をしますので，オール'0'（0x00）のデータは受け渡しできません．それから，送信側のタスクより受信側のタスクの優先度を高くしておかないと，送信側のタスクがset_flgサービスコールで複数のデータを送信した場合，論理和をとったデータしか受け取れないので注意してください．

（8）複数のイベントフラグ待ちタスク

　これまでは，一つのイベントフラグに対して一つのタスクが複数の事象発生の待ち合わせをして動作する形を解説してきました．今度は，一つのイベントフラグに対して複数のタスクが待ち合わせを行う形を解説していきましょう．ここからは少し応用編になります．複数のタスクの待ち合わせについて，カーネルはWAITINGからREADYに移行させる順番を2.6.2項で説明したレディキューと同じようなキュー構造を使って待ち行列として管理します．

　図2.42に，一つのイベントフラグを使って複数のタスクが待ち合わせる様子を，待ち行列の状態と合わせながら見ていきましょう．

　いま，カーネル内のイベントフラグの状態が0x01（2進数でB'00000001）で，あ

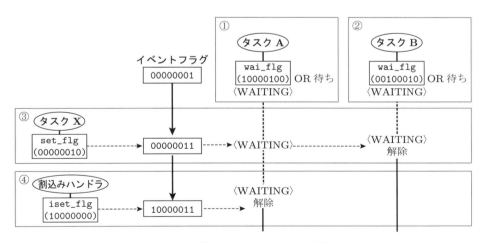

図 2.42　複数タスクのイベントフラグ待ち

る事象がすでに発生しているという想定で話を進めましょう．

① タスク A が waiptn=0x84（2 進数で B'10000100），OR 待ち指定で wai_flg サービスコールを発行します．このとき，カーネル内のイベントフラグの状態は 0x01 で，まだ要求する事象は発生していないことになるので，タスク A は WAITING に遷移します．

② 続いて，タスク B が waiptn=0x22（2 進数で B'00100010），OR 待ち指定で wai_flg サービスコールを発行します．やはり要求する事象は発生していないので，タスク B も WAITING に遷移します．このとき，イベントフラグの待ち行列の様子は図 2.43 になり，イベントフラグにより待っているタスクが管理されます．

図 2.43　イベントフラグ待ち行列の様子①

③ 今度は，タスク X が setptn=0x02（2 進数で B'00000010）を指定して set_flg サービスコールを発行すると，カーネル内のイベントフラグの状態は論理和をとった 0x03（2 進数で B'00000011）になります．

このとき，イベント待ちのタスク A は待ちビットが一致しないのでそのまま WAITING ですが，つぎのタスク B は待ちビットが OR で一致したため WAITING から READY に移行しイベントフラグの待ち行列からはずれます．

イベントフラグの待ち行列の様子は図 2.44 のようになります．

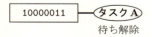

図 2.44　イベントフラグ待ち行列の様子②

④ 割込みハンドラが setptn=0x80（2 進数で B'10000000）を指定して iset_flg サービスコールを発行すると，カーネル内のイベントフラグの状態は論理和をとった 0x83B（2 進数で B'10000011）になります．イベント待ちのタスク A が待ちビットが OR で一致したため WAITING から READY に移行し，イベントフラグの待ち行列からはずれます．イベントフラグの待ち行列の様子は図 2.45 のようになります．

```
  ┌──────────┐     ╭──────╮
  │ 10000011 │─────│タスクA│
  └──────────┘     ╰──────╯
                    待ち解除
```

図 2.45　イベントフラグ待ち行列の様子③

　このように，一つのイベントフラグに対して複数のタスクの待ち合わせを行うことができます．

　注意点として，図2.46にように複数の待ち合わせタスクがある場合（イベントフラグの待ち行列に複数のタスクが待っている場合），1回のset_flgサービスコール発行によって，カーネルは待ち行列につながっているすべてのタスクについて，待ちビットパターンとイベントフラグのビットパターンが一致したかを調査します．つまり，待ち行列のタスクが多ければ多いほど，μITRONの処理時間が大きくなってしまうので，ほかのタスクの動作が遅延してしまいます．あらかじめ設計上注意が必要です．

図2.46　複数のタスクの待ち行列の様子

（9）タスクの待ち行列

　WAITINGのタスクがサービスを受ける順番，つまり，WAITINGからREADYに移行させる順番は待ち行列によって管理します．タスクの待ち行列の並び方は，用途に応じて以下の2種類を選択できます．

（ⅰ）FIFO順

　先入先出順．wai_flgを発行した順番に待ち行列につなぐ方式です．

（ⅱ）タスク優先度順

　タスク優先度に従い，優先度の高い順番に待ち行列につなぐ方式です．

　どちらを選択するかは，使い方に応じてイベントフラグ生成時に決めます．このタスク待ち行列管理は，イベントフラグだけでなく，これから解説するほかのオブジェクト（セマフォ，メールボックス，データキュー，メモリプールなど）においても同じ考え方で待ちタスクのサービス順を決定付けますので，覚えておくとよいでしょう．

　FIFO順とタスク優先度順による待ち行列の違いを見てみましょう．たとえば，三つのタスクが図2.47の順番でwai_flgサービスコールを発行した場合を考えてみましょう．

　FIFO順とタスク優先度順による待ち行列の様子は，図2.48のようになります．WAITINGのタスクがサービスを受ける順番が違ってくるのがわかるかと思います．

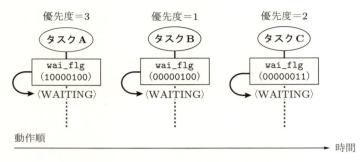

図 2.47　wai_flg の発行の様子

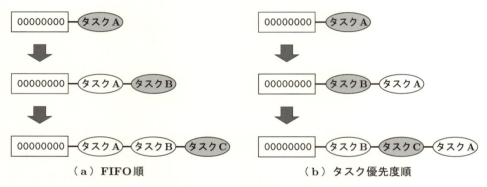

（a）FIFO順　　　　　　　　　（b）タスク優先度順

図 2.48　タスクの待ち行列の様子

（10）クリア指定とタスクの待ち行列

　（4）で解説しましたが，イベントフラグを生成時に「クリア指定」を行うと，イベントフラグの条件が満たされてイベント待ち（WAITING）が解除されたときに，イベントフラグは 0 クリアされます．「クリア指定」があって，複数のタスクが待ち行列につながっていた場合，イベントが一致して待ちが解除されたタスクの後続の待ち行列のタスクには事象発生の通知が行われないので注意してください．

　クリア指定とイベントフラグ待ち行列の関係を見てみましょう．たとえば，三つのタスクが wai_flg サービスコールを発行して，図 2.49 のようにイベントフラグ待ち行列につながっている場合を考えてみましょう．

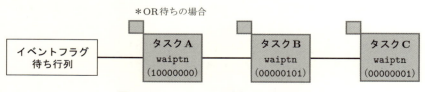

図 2.49　イベントフラグ待ち行列の様子

　このときに，タスク X が set_flg サービスコールを発行して条件成立していく様子を示したのが図 2.50 です．クリア指定がない場合とクリア指定がある場合で，後続の待ち行列に違いがあるのがわかります．動作に影響があるので，設計上注意が必要です．

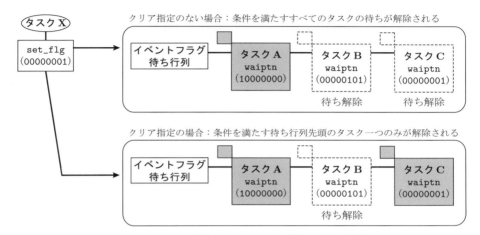

図 2.50　クリア指定とイベントフラグ待ち行列の関係

2.7.4　セマフォによる排他制御

　前項では，オブジェクトを使った代表的な同期・通信機能としてイベントフラグを解説してきました．本項では，さらに，別のオブジェクトであるセマフォを使った同期・通信機能を解説しましょう．

（1）セマフォとは

　セマフォ（semaphore）は，事象の発生回数や，資源を並行して同時に使用可能な数をカウンタ（セマフォカウンタといいます）で管理し，タスク間の同期を行うオブジェクトです．一般には資源の排他制御（競合回避）に使用します．セマフォも ID 番号によって異なる資源を複数個管理できます．

　セマフォによる資源の排他制御は，資源の使用状況を管理するもので，日常社会でたとえると，セキュリティルームに入るための鍵（セキュリティカード）を想像すればわかりやすいでしょう．資源がセキュリティルームで，セマフォカウンタがセキュリティルームに入るための鍵の数です．図 2.51 に示すように，もともと鍵が三つあったとしましょう（つまりセマフォカウンタ＝ 3）．それぞれ別々に 3 名の人が鍵を使っ

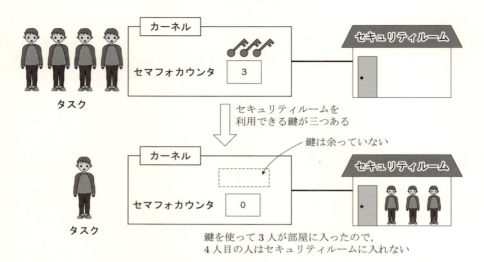

図 2.51 セマフォの概要①

てセキュリティルームに入ったとします．すると鍵はもうないので（つまりセマフォ
カウンタ＝0），4人目の人はセキュリティルームに入れなくなり，3人のうち誰か1
人がセキュリティルームから出て鍵が返却されると，4人目の人はその鍵を使ってセ
キュリティルームに入れるようになるわけです．

　セマフォカウンタの初期値は，あらかじめセマフォを生成するときに設定しておき
ます．生成方法は，コンフィギュレータによる生成と cre_sem による生成があります．
マルチタスク環境下のシステムでは，資源（各種 I/O，共有メモリ，共有変数，非リ
エントラント関数など）を複数のタスクが利用するため，競合が発生する可能性があ
ります．この資源の競合を回避する手段が排他制御です．

　たとえば，プリンタは同時に複数の異なったデータを一気に印刷できません．つま
り，複数のタスクが同じプリンタに出力処理する場合，プリンタを使用できるのは1
本のタスクのみなので，この場合，図 2.52 のようにセマフォカウンタ＝1で管理し
ます．これによって複数のタスクが同時にプリンタへ出力処理をしようとしても，セ
マフォを利用すれば排他制御が実現でき，複数のタスクによる入り混じったデータ出
力を回避できるのです．

　それぞれ異なった資源は，ID 番号によって複数のセマフォに割り当てて使用しま
す．たとえば，ID＝1のセマフォは共有メモリ，ID＝2のセマフォはプリンタ，
ID＝3のセマフォは I/O ポートといったように区別して使います．

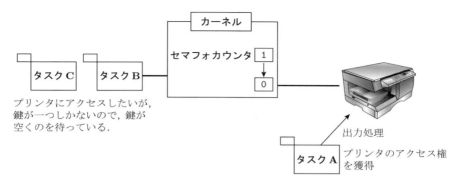

図 2.52　セマフォの概要②

（2）セマフォによる資源の排他制御

　さて，実際にセマフォにより排他制御を実現するサービスコールを見てみましょう．タスクが，競合する資源に対してアクセスする場合，図 2.53 に示すように，アクセスする前に wai_sem サービスコールによってセマフォに資源の獲得要求を出します．獲得した資源へのアクセスが終了したら，sig_sem サービスコールによってセマフォへの資源返却を行います．

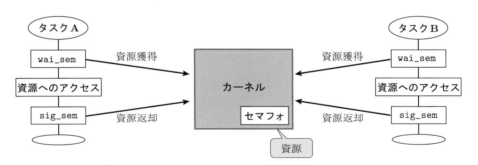

図 2.53　セマフォによる資源の排他制御

　つまり，排他制御が必要な資源にアクセスする前に wai_sem，アクセス後に sig_sem を発行しておけば，排他制御を簡単に実現できるわけです．ただし，ある一つのタスクだけが，この wai_sem, sig_sem を発行するルールを破って，セマフォのサービスコールを使用せずに資源アクセスをしたり，wai_sem で資源を獲得したままにしておくと，ほかのタスクがせっかくルールに従ってプログラミングしても，資源の競合が発生してしまうので注意してください．このサービスコールを表2.13に示します．

表2.13 セマフォのサービスコール

サービスコール	C言語 API（機能）
wai_sem（セマフォ資源獲得）	ER ercd=wai_sem(ID semid);（semid で指定したセマフォのセマフォカウンタを −1 して資源を獲得する．セマフォカウンタが 0 なら，自ら RUNNING から WAITING に遷移し，資源が開放されるまで待つ．）
sig_sem（セマフォ資源返却）	ER ercd=sig_sem(ID semid);（semid で指定したセマフォのセマフォカウンタを +1 して資源を返却する．セマフォに資源を待っているタスクがいれば，資源を解放し，セマフォ待ちのタスクを WAITING から READY に移行させる．）

（3）セマフォによるスケジューリング

2.6.2項と 2.6.3項で解説したスケジューリング・ルールを思い出しながら，セマフォを使って時系列にタスクが切り替わる様子を見ていきましょう．図2.54 にその様子を示します．

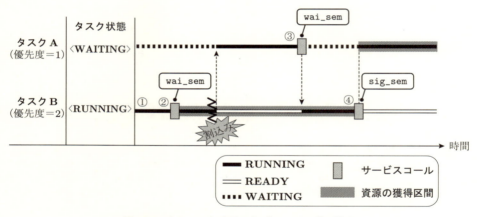

図2.54 セマフォによるスケジューリングの様子

二つのタスクが一つの共有資源へアクセスするため排他制御を行う様子を解説しましょう．いま，タスク A が WAITING で起床待ちで，タスク B が RUNNING で動作しています．タスク優先度はタスク A ＝ 1，タスク B ＝ 2 で，タスク A のほうがタスク B よりも優先順位が高いとします．共有資源の使用制限数は 1 なので，セマフォカウンタは 1 で初期設定してあります．

① タスク B が RUNNING でプログラムの実行をしています．レディキューとセマフォの様子を図2.55 に示します．まだ誰も資源獲得していないので，セマフォカウンタは 1 のままです．

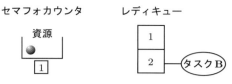

図 2.55 レディキューとセマフォカウンタ①

② タスク B が資源を獲得するために wai_sem サービスコールを発行します．資源はタスク B に開放されたので，セマフォカウンタは −1 されて 0 になり，そのままタスク B が動作を続けます．レディキューとセマフォの様子は図 2.56 のようになります．

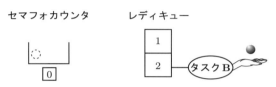

図 2.56 レディキューとセマフォカウンタ②

③ タスク B が資源アクセス中に割込み発生などにより，タスク A が起床し，その後タスク A も同じ資源をアクセスするために wai_sem サービスコールを発行します．このとき，セマフォカウンタは 0 なので資源を獲得できないため，資源獲得待ち（WAITING）に遷移し，タスク B に切り替わります（図 2.57）．

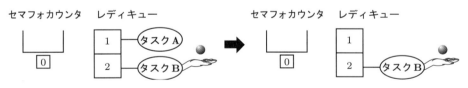

図 2.57 レディキューとセマフォカウンタ③

④ タスク B が資源へのアクセスが終了したので，資源を返却するため，sig_sem サービスコールを発行すると，セマフォ獲得待ちのタスク A に資源が渡されて，タスク A は WAITING から READY に移行し，タスク A に切り替わります．レディキューとセマフォの様子は図 2.58 のようになります．

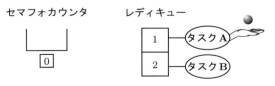

図 2.58 レディキューとセマフォカウンタ④

このように，セマフォを使って，一つの資源が二つのタスクによって競合すること
を回避するわけです．

発 展 **優先度逆転**

　さて，セマフォは共有資源の排他制御として有効な機能であるということを解説して
きましたが，使い方を誤るとシステムに問題が起こる場合があります．その問題の一つ
が優先度逆転です．

　優先度逆転（Priority Inversion）とは，優先度の高いタスクがセマフォによって資
源獲得待ちに入ることによって，資源競合とまったく関係のない優先度の低いタスクに
処理を優先されてしまう現象です．図 2.59 に，優先度逆転の様子を示します．

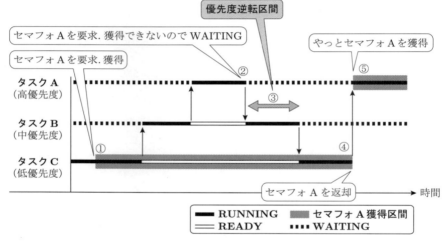

図 2.59　優先度逆転の様子

　いま，優先度が異なる三つのタスクがマルチタスク動作していて，タスク A とタス
ク C がお互いに共有資源を使用することを想定します．中優先度のタスク B は資源を
使用しない，資源競合とはまったく関係ないタスクです．資源のセマフォカウンタ初期
値は 1 とします．

① タスク C が RUNNING でプログラムの実行をしています．資源獲得のためセ
マフォ A を獲得要求します（wai_sem(A) を発行）．

② タスクがスケジューリングされ，タスク A が資源獲得のため，同じセマフォ A
を獲得要求します（wai_sem(A) を発行）．しかし，タスク C が資源を獲得してい
るため，タスク A は資源獲得待ち（WAITING）に遷移します．ここまでは問題
のない動作です．

③　タスク A とタスク C の間の優先度に，共有資源を使わないタスク B が存在し，そのタスク B が READY なのでタスク B に切り替わり，優先度逆転の問題が発生します．

> タスク A がタスク C のセマフォ獲得によって待たされるのは，同じ資源を競合する関係なので問題ありませんが，資源競合とまったく関係のないタスク B が動作することによって，優先順位が高いはずのタスク A がタスク B の動作時間に依存して遅延することが問題なのです．

④　タスクがスケジューリングされ，タスク C に切り替わり，資源を使用し終えてセマフォ A を返却します（sig_sem(A) を発行）．

⑤　ようやくタスク A に切り替わり，資源を使用して動作開始できます．

タスク A はタスク B に優先度順位が逆転されたことになります．これが優先度逆転です．タスク優先度の指定とセマフォの使い方をよく考慮して設計しないと，こういう現象が発生し得ることを頭に入れておく必要があります．μITRON には，優先度逆転を回避する機能としてミューテックス（mutex）というオブジェクトを準備しています．ミューテックスは，資源を獲得したタスクの優先度を一時的に引き上げて動作させることによって優先度逆転を回避する拡張機能です．ちょっと難しいので，本書では詳しく紹介しませんが，こういうものがあるということは覚えておいてください．

発展 デッドロック

もう一つ，セマフォで注意すべき問題はデッドロックです．デッドロックとは，複数のタスクがお互いに別々の資源を獲得しあい，資源を返却しないうちにさらにお互いに相手が獲得した別の資源を獲得要求することで，どちらもセマフォ待ち（WAITING）状態になり，お互いが動けなくなる現象です．

図 2.60 に，デッドロック発生の様子を示します．

いま，二つのタスクがマルチタスク動作していて，二つの異なった共有資源をお互いが使用することを想定します．二つの資源はセマフォ A，セマフォ B に割り当てておきます．

①　タスク B が RUNNING でプログラムの実行をしています．資源獲得のためセマフォ A を獲得要求します（wai_sem(A) を発行）．

②　タスクが切り替わり，タスク A が別の資源獲得のためセマフォ B を獲得要求します（wai_sem(B) を発行）．

③　セマフォ B を獲得したままセマフォ A を獲得要求します（wai_sem(A) を発行）．

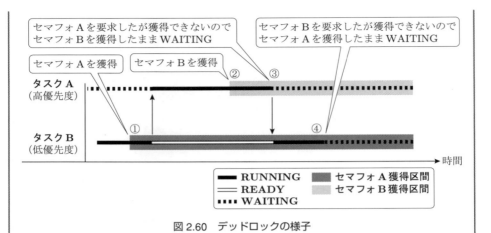

図 2.60 デッドロックの様子

しかし，セマフォ A はすでにタスク B が獲得しているため，タスク A は資源獲得
待ち（WAITING）に遷移します．

④ タスク B に切り替わり，セマフォ A を獲得したままセマフォ B を獲得要求しま
す（wai_sem(B) を発行）．しかし，セマフォ B はすでにタスク A が獲得している
ため，タスク B は資源獲得待ち（WAITING）に遷移します．

このように，お互いが資源を返却しないうちに，それぞれ相手が獲得した資源を獲得
要求することで，どちらも永久に返却されない資源を待つことになり，システムは停止
してしまいます．

セマフォを利用した排他制御は，一歩間違うと，デッドロックを引き起こす可能性が
あるため，設計上注意が必要です．デッドロックの回避策としては，ミューテックスを
使うことが回避策の一つですが，複数の資源を獲得する場合，資源を獲得要求する順
番をあらかじめ決めておいて，その順番に従ってお互いのタスクが獲得要求（wai_sem
発行）を行うといった方法が考えられます．

2.7.5 メールボックスによるメッセージ通信

オブジェクトを使った代表的な同期・通信機能としてイベントフラグとセマフォを
解説してきましたが，今度は大量の情報を通信するための同期・通信機能を解説しま
しょう．μITRON にはメッセージ（情報）通信を行うために，メールボックス，デー
タキュー，メッセージバッファの三つのオブジェクトを準備していますが，本書では，
代表的なメールボックスとデータキューを取りあげて説明していきます．本項では，
その中の一つ，メールボックスを説明しましょう．

（1）メールボックスとは

メールボックス（mailbox）は，メッセージ通信をしながらタスクの同期を行うオブジェクトです．郵便ポストのようなものをカーネルが管理して運用していると思ってください．はがきや郵便物は直接相手に渡すのではなく，郵便ポストを介して相手に届きます．これと同じように，メッセージ送信側のタスクは，メッセージを直接受信側のタスクへ送信するのではなく，メールボックスを介してメッセージを送信します．

メールボックスは，図 2.61 のようにキュー構造（複数のデータを待ち行列で管理する仕組み）によって複数のメッセージを数量制限なく蓄えることができます．メッセージが蓄えられる順番は，つぎのどちらかを選択できます．

（ⅰ）FIFO 順

メッセージが送信された順番でキューにつなぐ．

（ⅱ）メッセージ優先度順

メッセージ自体に優先度を付けて優先度順にキューにつなげる．

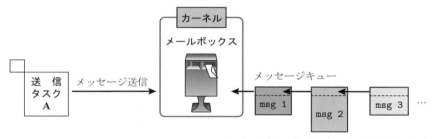

図 2.61　メールボックスの概要①

どちらを選択するかはメールボックス生成時に決めます．メッセージを受信したいタスクは，図 2.62 のようにメールボックスにつながっているキューの先頭から順にメッセージを受信します．つまり，FIFO 順の場合，一番古いメッセージ（最初に送信されたメッセージ）を受信し，メッセージ優先度順の場合，一番優先度が高いメッセージを受信できることになります．

メールボックスで注意すべき点は，メールボックスによるメッセージ通信は，メッセージそのものを直接メモリ上に書き込んで通信するのではなく，実際には共有メモリに書き込んだメッセージの先頭アドレスをメールボックスへ渡しているという点です．よって，受信側は受け取ったアドレスをもとに共有メモリからメッセージを読み出す必要があります．その代わり，アドレスだけの通信なのでメッセージのサイズに

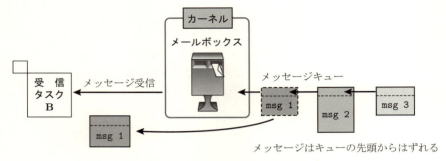

図 2.62　メールボックスの概要②

かかわらず高速通信ができる利点があります．それから，実際のメッセージデータは共有メモリに書き込んで使うため，ほかのプログラムが別の用途でこの共有メモリに書き込んだりすると，その更新されたデータが通信されてしまうので，メッセージを書き込む共有メモリについて排他管理が必要です．

　メールボックスも，イベントフラグやセマフォと同じように，ID 番号によって複数管理できます．たとえば，ID ＝ 1 のメールボックスは通常通信専用，ID ＝ 2 のメールボックスはエラー通信専用，ID ＝ 3 のメールボックスは解析データ専用といったように区別して使います．

（2）メールボックスによるメッセージ通信

　メールボックスによりメッセージ通信を実現するサービスコールを見てみましょう．図 2.63 に示すように，メッセージ送信側は，共有メモリに書き込んだメッセージのアドレスを，snd_mbx サービスコールを使って送信します．メッセージ受信側は，rcv_mbx サービスコールを使ってメッセージのアドレスを受け取って，共有メモリからそのメッセージを読み出します．このサービスコールを表 2.14 に示します．

表 2.14　メールボックスのサービスコール

サービスコール	C 言語 API（機能）
rcv_mbx （メールボックスから受信）	ER ercd = rcv_mbx(ID mbxid, T_MSG　**ppk_msg); （mbxid で指定したメールボックスにメッセージがあれば，メッセージ先頭アドレスを受け取って実行継続する．メッセージがなければ，メッセージ待ちとなり，RUNNING から WAITING に遷移する．）
snd_mbx （メールボックスへ送信）	ER ercd = snd_mbx(ID mbxid, T_MSG　*pk_msg); （mbxid で指定したメールボックスにメッセージを送信する．メッセージを待っているタスクがいれば，そのタスクにメッセージ先頭アドレスを渡し，WAITING から READY に移行させる．）

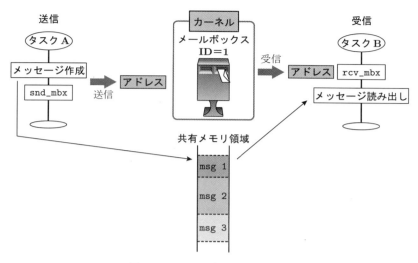

図 2.63　メールボックスの概要③

（3）メッセージフォーマット

　メッセージの書き方のルールはどうなっているかというと，メッセージサイズはとくに制限はありませんが，メッセージのフォーマットは決まっています．図 2.64 にメッセージフォーマットを示します．

　メールボックスは，キュー構造を使って送信されたメッセージを次々とキューにつないでいくために，メッセージの先頭アドレスをどこかに記憶させておく必要があり

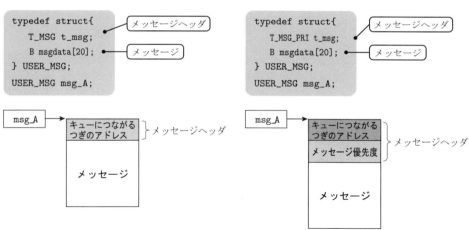

（a）FIFO管理のメッセージフォーマット例　　　（b）メッセージ優先度付きメッセージフォーマット例

図 2.64　メッセージフォーマット

ます．そこで，メッセージの先頭に，つぎのメッセージアドレスを入れる領域をあらかじめ準備しておきます．これをメッセージヘッダといいます．メッセージを送信するときは，必ずこのメッセージヘッダを付けてください．

（4）メッセージ通信と受信待ちタスク

これまで解説してきたことを念頭に，メールボックスによってメッセージが通信される様子を見ていきましょう．図 2.65 にその様子を示します．

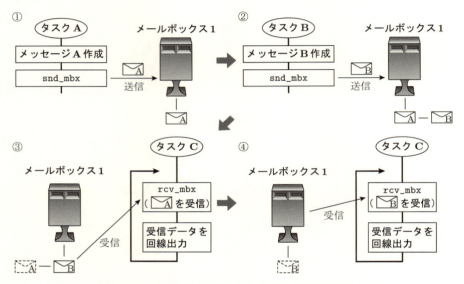

図 2.65　メールボックスによるメッセージ通信の様子

メールボックス 1 のメッセージのつなぎ方は FIFO 順とします．

① タスク A がメッセージ A を作成してメールボックス 1 にメッセージ A を送信します（snd_mbx(1) を発行）．すると，メッセージ A がメールボックス 1 に入ります．

② タスク B も同様にメッセージ B を作成してメールボックス 1 にメッセージ B を送信します（snd_mbx(1) を発行）．すると，メッセージ A のつぎにメッセージ B がメールボックス 1 に入ります．

③ タスク C がメッセージを受信するためにメールボックス 1 にメッセージ受信要求を出します（rcv_mbx(1) を発行）．すると，タスク C は，メールボックス 1 からメッセージ A を受信して実行を継続します．メールボックス 1 はメッセー

ジ B のみが入っている状態になります.

④ タスク C がさらにメッセージを受信するためにメールボックス 1 にメッセージ受信要求を行うと (rcv_mbx(1) を発行), タスク C は, メールボックス 1 からメッセージ B を受信して実行を継続します. メールボックス 1 はメッセージがない状態になります.

この状態で, ほかの複数のタスクがメッセージ受信要求を行うと, メールボックスは空っぽの状態なので, メッセージ受信要求を行ったタスクはメッセージ待ち (WAITING) に遷移し, タスクの待ち行列を作っていきます. タスクの待ち行列については, 2.7.3 項の (9) で解説しましたが, これと同じように, FIFO 順かタスク優先度順かを選択して待ち行列を作っていきます.

今度は, タスクがメッセージ受信待ち (WAITING) になる様子を見ていきましょう. 図 2.66 にメッセージ受信待ちになる様子を示します.

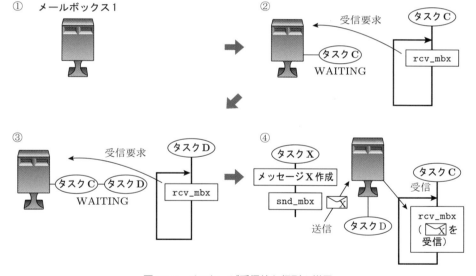

図 2.66 メッセージ受信待ち行列の様子

メールボックス 1 のタスクの受信待ち行列は FIFO 順とします.

① メールボックス 1 はメッセージが空っぽの状態です.

② タスク C がメッセージを受信するためにメールボックス 1 にメッセージ受信要求を行うと (rcv_mbx(1) を発行), メールボックス 1 は空なので, タスク C は, メッセージ待ち (WAITING) になります.

③　さらに，タスクDがメッセージを受信するためにメールボックス1にメッセージ受信要求を行うと（rcv_mbx(1)を発行），タスクDもメッセージ待ち（WAITING）になり，タスクC, Dの順でメッセージ待ち行列を形成しメッセージが送信されるのを待ちます．

④　タスクXがメッセージXを作成してメールボックス1に送信すると（snd_mbx(1)を発行），メールボックス1でメッセージを待っていたキューの先頭のタスクCへメッセージが渡され，タスクCはWAITING → READYに移行します．タスクDはまだ待ったままの状態でメッセージが送信されるのを待ちます．

このように，メールボックスを使用することによって，メッセージ通信を行うだけではなく，メッセージ通信をしながらタスクの同期を実現できるわけです．

2.7.6　データキューによるメッセージ通信

前項では，μITRONのメッセージ通信を行うための代表的な同期・通信機能の一つであるメールボックスを紹介しました．本項では，メッセージ通信を行うためのもう一つの代表的なものとして，データキューを説明していきましょう．

（1）データキューとは

データキュー（dataque）は，メールボックスと同じようにメッセージ通信をしながらタスクの同期を行うオブジェクトですが，メールボックスとは実現手段が違います．データキューは，図2.67のように，リングバッファ構造（リング状のバッファを使ってデータを蓄える仕組み）によって，実際にメッセージをリングバッファ内に書き込むことによって複数のメッセージを蓄えていきます．メッセージ長は1ワー

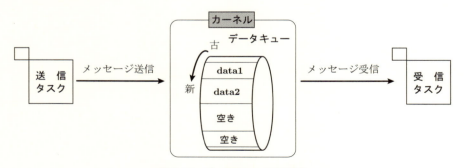

図2.67　データキューの概要①

ドデータと決められているので，実際には少量データの通信に使います．

　メッセージを受信したいタスクは，リングバッファ内で一番古いメッセージ（最初に送信されたメッセージ）から順にメッセージを受信します．なお，受信後のデータは，リングバッファ上では無効となるため再度同じデータは受信できないので注意してください．データキューもメールボックスと同じように ID 番号によって複数管理できるので，種類の違うデータを別々のデータキューで通信することができます．

　メールボックスとの相違点は，データキューはリングバッファ構造なのでメモリバッファのサイズに限りがあるため送信データ数が限定されます．このため，リングバッファが送信データで満杯になると，送信側のタスクも待ち状態（WAITING）になり得ます．

　メールボックスの場合，キュー構造のため論理的にはメッセージ送信数に制限はありませんので，送信待ちにはなりません．リングバッファのサイズは，あらかじめデータキュー生成時に決めておきます．

（２）データキューによるメッセージ通信

　データキューによるメッセージ通信を実現するサービスコールを見てみましょう．図 2.68 に示すように，メッセージ送信側は，snd_dtq サービスコールを使って，送信するワードデータを送信します．メッセージ受信側は，rcv_dtq サービスコールを使ってワードデータを受け取ります．このサービスコールを表 2.15 に示します．

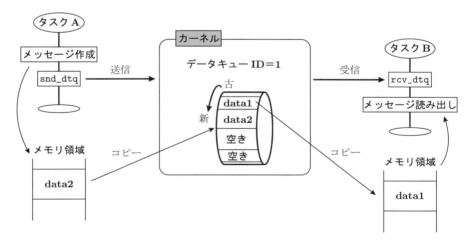

図 2.68　データキューの概要②

表 2.15 データキューのサービスコール

サービスコール	C 言語 API（機能）
rcv_dtq （データキュー から受信）	ER ercd = rcv_dtq(ID dtqid, VP_INT *p_data); （dtqid で指定したデータキューにメッセージがあれば，それを受け取ってそのまま実行を継続する． メッセージがなければ，メッセージ待ちとなり，RUNNING から WAITING に遷移する．）
snd_dtq （データキュー へ送信）	ER ercd=snd_dtq(ID dtqid, VP_INT data); （dtqid で指定したデータキューにメッセージを送信する． メッセージを待っているタスクがいれば，そのタスクに 1 ワードデータを渡し WAITING から READY に移行させる． リングバッファに空きがない場合は RUNNING から WAITING に遷移する．）

（3）メッセージ通信と送受信待ちタスク

さて，データキューによってメッセージが通信される様子とタスクがメッセージ送信待ちになる様子を見ていきましょう．図 2.69 にその様子を示します．

① タスク A がデータキュー 1 にデータ A を送信します（snd_dtq(1) を発行）．すると，データキュー 1 にデータ A が入ります．

② タスク B も同様にデータキュー 1 にデータ B を送信します（snd_dtq(1) を発行）．すると，データ A のつぎにデータ B がデータキュー 1 に入ります．

③ タスク C がデータを受信するためにデータキュー 1 にデータ受信要求を行います（rcv_dtq(1) を発行）．すると，タスク C は，データキュー 1 からデータ

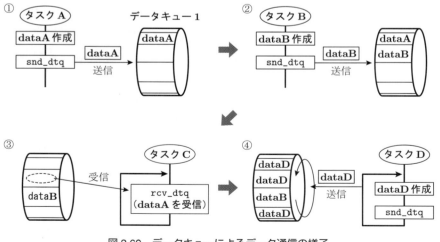

図 2.69 データキューによるデータ通信の様子

A を受信して実行を継続します．データキュー 1 はデータ B のみが格納されている状態になります．

④　今度は，タスク D がデータキュー 1 にデータ D を送信し続けると（snd_dtq(1) を発行），データキュー 1 のリングバッファ内はいつかデータ D で一杯になり，最後にはタスク D はデータ送信待ちとして WAITING 状態に遷移し，データが受信されるのを待つことになります．

この状態で，ほかの複数のタスクがデータ送信要求を行うと，データキューは満杯の状態なので，データ送信要求を行ったタスクはデータ送信待ちになり WAITING 状態に遷移し，タスクの待ち行列を作っていきます．タスクの待ち行列については，2.7.3 項の（9）で解説したとおり，FIFO 順かタスク優先度順かを選択して待ち行列を作っていきます．

一方，データキューが空の状態では，データ受信要求を行ったタスクは，データ受信待ちになり WAITING 状態に遷移して，タスクの待ち行列を作っていきますが，受信待ちの場合は FIFO 順と決まっています．

発展　メッセージバッファ

データキューと同じように，メモリ上に書き込んで通信する手段をとるメッセージバッファ（messagebuffer）というオブジェクトもあります．メッセージバッファは通信サイズが限定されていないことを除けば，ほぼデータキュー同等の機能ですので，詳しい説明は省略しますが，表 2.16 にサービスコールだけ紹介しておきましょう．

表2.16　メッセージバッファのサービスコール

サービスコール	C 言語 API
rcv_mbf （メッセージバッファから受信）	ER_UINT msgsz = rcv_mbf(ID mbfid, VP msg); （mbfid で指定したメッセージバッファにメッセージがあれば，それを受け取ってそのまま実行を継続する． メッセージがなければ，メッセージ待ちとなり，RUNNING から WAITING に遷移する．）
snd_mbf （メッセージバッファへ送信）	ER ercd = snd_mbf(ID mbfid, VP msg UNIT msgsz); （mbfid で指定したメッセージバッファにメッセージを送信する． メッセージを待っているタスクがいれば，そのタスクにメッセージを渡し WAITING から READY に移行させる． メッセージバッファに空きがない場合は，RUNNING から WAITING に遷移する．）

2.8 割込み管理

前節までは，複数のタスクが協調して動作するための手段となる同期・通信機能について解説してきました．組込みシステムでさらに考えなければいけないポイントが，非同期に発生する事象をいかにして捕らえるかということですが，その手段が割込みです．本節では，μITRON による割込みの扱い方について解説していきましょう．

2.8.1 CPU の割込み処理

μITRON の割込み管理について話す前に，CPU の割込み処理について簡単に説明しておきます．割込みが発生してから割込みハンドラが起動するまでの割込みの仕組みは，CPU によって以下の2通りに大別されます．

（1）割込みベクタによる方式

割込み要因ごとに割込みハンドラのアドレスをあらかじめメモリ上に登録したものを割込みベクタテーブルといいます．割込みが発生すると，CPU が戻り番地（プログラムカウンタ）とシステム状態を保存するレジスタ（ステータスレジスタ：SR などがあります）をスタックに退避後に，CPU が直接，割込みベクタテーブルに従って，発生した割込み要因に相当する割込みハンドラを起動させます．つまり，割込み発生から割込みハンドラが起動するまでの間，ソフトウェアは介入しません．図 2.70 に，割込みベクタ方式による割込みハンドラが起動する様子を示します．

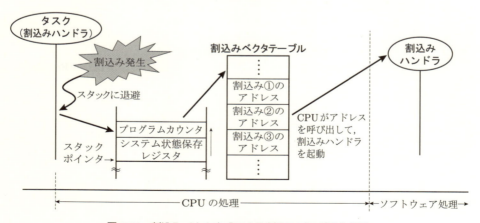

図 2.70　割込みベクタ方式による割込みプログラム起動

（2）割込みエントリによる方式

　割込みエントリによる方式では，割込みベクタによる方式とは違ってベクタテーブルのようなものはもっていませんが，各種割込みが発生したときの割込みのエントリアドレス（実行開始アドレス）が割込みのグループ単位で決まっています．割込みが発生すると，割込みエントリアドレスから起動するプログラムが，割込みコントローラをアクセスして割込み要因をソフトウェアで判断し，それに相当する割込みハンドラを起動させます．つまり，割込み発生から割込みハンドラが起動するまでの間，スタックへの退避や，割込み要因判定処理を，ソフトウェアが受けもつことになります．図 2.71 に割込みエントリ方式による割込みハンドラが起動する様子を示します．

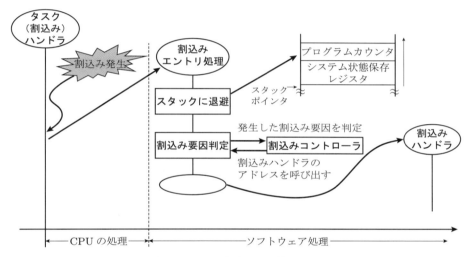

図 2.71　割込みエントリ方式による割込みハンドラ起動

　もちろん，μITRON は，どちらの割込みタイプでも対応できるようになっていて，（2）の割込みエントリ方式の CPU については，割込みエントリ処理を μITRON が行ってくれます．実践編で使用する CPU は，（1）の割込みベクタによる方式のものです．

2.8.2　割込みハンドラのスケジューリング

　CPU における割込みの仕組みを復習したところで，μITRON 上で割込みハンドラがどのように扱われるのか，その動作の仕方について解説していきましょう．

（1）割込みハンドラ

割込みハンドラは，CPU 内部あるいは外部から発生する事象，つまり割込みによって，タスクの動きとは関係なく非同期に動作するプログラムです．割込みハンドラは，いずれのタスクよりも優先的に起動されるプログラムで，タスクと違って，いったん動作を始めると，動作途中でほかのプログラムへ切り替わることなく，一気に処理を完了するまで動作し続けます．また，タスクへ事象の発生通知を行うために，割込みハンドラからサービスコールを呼び出す場合があります．

（2）遅延ディスパッチ

タスクは，（意図的に）サービスコールを呼び出すことで，その時点でタスク切り替えが起こりましたが，割込みハンドラからサービスコールを呼び出しても，その時点ではタスク切り替えは起こりません．

2.4 節で解説しましたが，割込みハンドラは非タスクコンテキストであってタスクではないので，割込みハンドラからサービスコールを呼び出しても，その時点ではカーネルはスケジューリングの手続きをするだけで，割込みハンドラが終了した時点でタスク切り替え（ディスパッチ）を行います．図 2.72 に，割込み発生時のスケジュールの様子を示します．

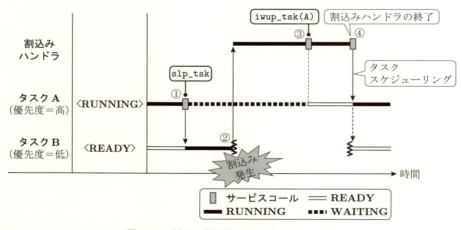

図 2.72　割込み発生時のスケジュールの様子

2 本のタスクがマルチタスク動作をしている最中に，割込みが発生した場合を想定します．タスク A が RUNNING でタスク B が READY です．

①　タスク A が slp_tsk サービスコールを発行して自ら WAITING に遷移し，タ

スク B に切り替わります.

② タスク B が実行中に割込みが発生して,タスク B の処理が中断し,割込みハンドラが起動します.

③ 割込みハンドラからタスク A を起床させます（iwup_tsk(A)サービスコールを発行）.この時点では,タスク A が WAITING から READY に移行するもののタスク切り替えは行われず,割込みハンドラが継続して動作を続けます.

④ 割込みハンドラの処理が完了することによって,カーネルはタスクスケジューリング（タスク切り替え）を行い,割込み発生元（タスク B）に戻らずにタスク A に切り替わります.

このように,割込みハンドラ（非タスクコンテキスト）実行中に,サービスコールを発行しても,タスクスケジューリングの手続きが行われるだけで,この時点ではタスクスケジューリングは行われません.割込みハンドラの処理が完了した時点でタスクスケジューリングが行われます.これを遅延ディスパッチ（delayed dispatch）といいます.割込みハンドラとタスクの動作の違いをよく理解しておいてください.

（3）多重割込みと割込み優先度

ここまでの説明では,割込みハンドラは,いったん動作を始めると,動作途中でほかのプログラムへ切り替わることなく,一気に処理を完了するまで動作し続けるとしてきましたが,実は,多重に割込みが発生し,割込みハンドラの動作途中で,別の割込みハンドラが動作する場合があります.

割込みハンドラが動作中に,その割込みハンドラ自身の割込みレベルより高いレベルの割込みが発生すると,処理を中断し,割込みレベルの高い割込みハンドラが優先して動作します.つまり,タスクスケジューリングと同じように,割込み優先レベルによって割込みハンドラがスケジューリングされるような動作をします.ただし,タスクの場合は,サービスコールによってカーネル自身がスケジューリング操作を行うのに対し,割込みはあくまで,マイコンがもつ割込みコントローラが割込みレベルによって処理の中断をし,優先レベルの高い割込みハンドラの起動処理を行います.割込みハンドラからの復帰処理,他タスクへのスケジューリングはカーネルが行います.

タスクと割込みを合わせてシステム全体で見た場合の優先度の考え方を図 2.73 に示します.割込みの優先レベルは CPU の割込みコントローラ（ハードウェア）が管理し,タスク優先度はカーネルが管理します.

多重割込みの場合も,遅延ディスパッチのルールに従ってスケジューリングされます.その様子を図 2.74 に示します.

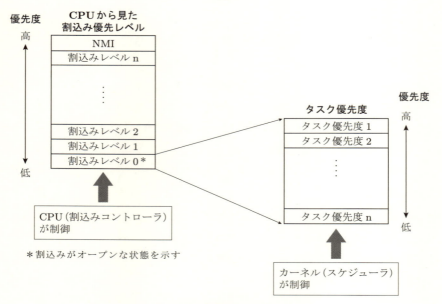

図 2.73 優先度の考え方

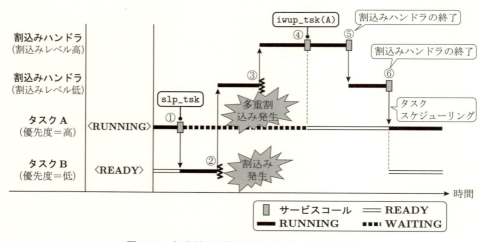

図 2.74 多重割込み発生時のスケジュールの様子

① タスク A が slp_tsk サービスコールを発行し，タスク B に切り替わります．

② タスク B が実行中に割込みが発生して，割込みハンドラが起動します．

③ さらに優先レベルの高い割込みが発生し，低いレベルの割込みハンドラが中断して高いレベルの割込みハンドラが起動します．

④ 高いレベルの割込みハンドラからタスク A を起床します（iwup_tsk（A）サービスコールを発行）．タスク A を WAITING から READY にして処理を継続します．この時点でタスクスケジューリングは行われません．

⑤ 高レベルの割込みハンドラの処理が完了することによって，低いレベルの割込みハンドラに戻り，割込み発生元（③で中断したところ）から処理を再開します．

⑥ 低レベルの割込みハンドラの処理が完了することによって，カーネルのタスクスケジューリング（タスク切り替え）が行われ，割込み発生元（タスク B）に戻らずにタスク A に切り替わります．

このように，多重割込みの場合も遅延ディスパッチ（delayded dispatch）のルールに従って，すべての割込みハンドラの処理が終了した時点でタスクスケジューリングが行われるのです．つまり，割込みハンドラは，とくに優先レベルの高い割込みハンドラについて，あまりにも長い時間動作するようなプログラム記述をすると，それよりも低い優先レベルの割込みや，タスクが動作できなくなってしまいます．結果的に，リアルタイム応答性の悪いシステムを作ることになってしまいます．

割込みハンドラの記述はできる限り短くするべきで，必要最小限の処理とタスクへ事象発生の通知をするだけのプログラムにすることが望まれます．

（4）割込みハンドラのサービスコール

割込みハンドラからサービスコールを発行したときのスケジューリングの様子を理解できたところで，割込みハンドラから発行できるサービスコールについて解説しましょう．

割込みハンドラは，そもそもタスクでなく非タスクコンテキストなので，タスクのように WAITING へ遷移したりするサービスコールを発行できません（slp_tsk, wai_flg, wai_sem, rcv_dtq など）．それから，遅延ディスパッチのルールに従ってタスク切り替えを行うため，タスクから発行できるサービスコールと区別して使いますので注意してください．非タスクコンテキスト用のサービスコールは ixxx_yyy の形となり，おもなものを表 2.17 に示します．

表 2.17　非タスクコンテキスト用のサービスコール例

サービスコール	機　能
iact_tsk	割込みハンドラからタスクを起動する
iwup_tsk	割込みハンドラからタスクを起床する
iset_flg	割込みハンドラからイベントフラグをセットする
isig_sem	割込みハンドラからセマフォを返却する

2.9 時間管理

リアルタイムシステムでは，指定した時間経過後に何らかの処理をするとか，一定周期で処理をするといった考え方が必要な場合が多くあります．これらの時間概念をもった処理を自分でプログラムするのはなかなか大変ですが，μITRON には時間を管理する機能も準備されています．

本章では，μITRON の以下の三つの時間管理について解説しましょう．

- システム時刻の設定・参照

- 相対時間によるタスクの実行待ち

- 周期ハンドラとアラームハンドラの管理

（1）システム時刻の設定・参照

一つ目は，システム時刻を管理する機能ですが，システム時刻とは，システムが動作を開始してからの稼動時間のようなもので絶対時間を表すものです．カーネルはこれをソフトカウンタとして管理しています．

図 2.75 のように，このシステム時刻の更新は，タイマ割込みハンドラ（正確には，isig_tim サービスコール）によって一定周期ごとに行われます．システム時刻の初期化や設定には set_tim サービスコールを，システム時刻の参照には get_tim サービスコールを使います．

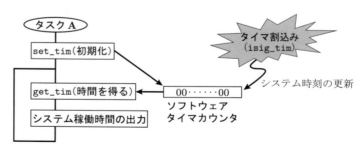

図 2.75　システム時刻の設定・参照

（2）相対時間によるタスクの実行待ち

二つ目は，相対時間によるタスクの実行待ちを実現します．ある時間が経過したらタスクに処理をさせるといったような場合，時間待ちのサービスコール（txxx_yyy）を使って，相対時間を指定してタスクの実行制御を行います（図 2.76 参照）．

　たとえば，2.7.2 項で，slp_tsk サービスコールで待機しておいてほかのタスクから wup_tsk サービスコールによって起こしてもらう同期の方法を解説しましたが，ある時間が経過したら，誰かに起こしてもらう前に自分で起床して処理したい場合があります．このような場合は，tslp_tsk(tmout) サービスコールで，tmout に時間指定をして WAITING に遷移して待機しておいて，wup_tsk サービスコールによって起床させられなくても指定時間経過後に自分で READY に遷移することができます．

　また，1.4.2 項リスト 1.1 の例のようなソフトウェアループでタイミングを計っていた箇所は，tslp_tsk(tmout) サービスコールで置き換えることができます．

　これまでさまざまな事象を待つサービスコールを紹介してきましたが，µITRON には，事象を待つすべてのサービスコールにおいて時間指定ができるサービスコールが用意されています．これらのサービスコールは，従来の引数に加えて時間（tmout）を指定する引数が増えます．時間指定ができるサービスコールは txxx_yyy の形で，表 2.18 のようなものがあります．

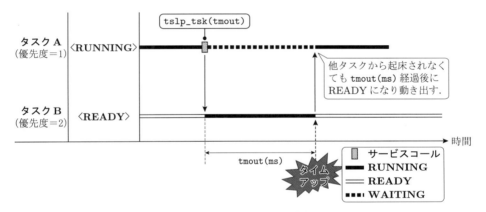

図 2.76　時間によるタスクの実行待ち

表 2.18　時間指定ができるサービスコール例

サービスコール	機　能
tslp_tsk	タイムアウト付き起床待ち
twai_flg	タイムアウト付きイベントフラグ待ち
twai_sem	タイムアウト付きセマフォ獲得待ち
trcv_dtq	タイムアウト付きデータキュー受信待ち

　tslp_tsk サービスコールにより WAITING で眠っていたタスクが，WAITING から READY に移行する要因は，指定時間経過だけでなく，指定時間経過の前に wup_tsk サービスコールを発行された場合ももちろん WAITING から READY に

移行します．起床したタスクが自分自身はどちらの要因で起床したのかを判定する場合は，リターンパラメータを判定して知ることができます．

```
ercd=tslp_tsk(100)
    ercd に E_TMOUT が返れば，指定時間（100 ms）経過後に動作
    ercd に E_OK が返れば，wup_tsk によって誰かに起こされて動作
```

注：関数値として，リターンパラメータ ercd に帰るエラーコードの数値は，μITRON 仕様で決まっています．E_OK（正常終了）は，D'0（ゼロ）で，ほかのエラーコードは負数で，たとえば E_TMOUT は − D'50 です．

それから，事象を待つサービスコールには，表 2.19 のようにそれぞれ三つの形のサービスコールが用意されています．

セマフォを例にすると，表 2.20 のようになります．

表 2.19　事象を待つサービスコールの形

サービスコール	機能
wai_yyy	事象が発生するまで永久待ち
twai_yyy	タイムアウト付き事象待ち
pol_yyy	条件不成立の場合，エラーリターン（待ち状態にならない）

表 2.20　セマフォを待つサービスコール例

サービスコール	機能
wai_sem(1)	ID ＝ 1 のセマフォを獲得できるまで永久に待つ．
twai_sem(1, 100)	ID ＝ 1 のセマフォを獲得できるまで 100 ms 待つ． 100 ms 待って獲得できなければ READY になる．
pol_sem(1)	ID ＝ 1 のセマフォを獲得できなくてもそのまま RUNNING で動作を継続する．その際，リターンパラメータに E_TMOUT が帰る．

オブジェクトごとにこの 3 点セットをまとめたものが表 2.21 です．これらをセットで覚えておくと便利です．

表 2.21　事象を待つサービスコール一覧

イベントフラグ	セマフォ	メールボックス	データキュー	固定長メモリプール
wai_flg	wai_sem	rcv_mbx	rcv_dtq	get_mpf
twai_flg	twai_sem	trcv_mbx	trcv_dtq	tget_mpf
pol_flg	pol_sem	prcv_mbx	prcv_dtq	pget_mpf

（３）周期ハンドラとアラームハンドラの管理

　三つ目は，周期ハンドラとアラームハンドラの管理です．これらは時間要因によって実行されるハンドラで，割込みハンドラと同じように非タスクコンテキストとして扱います．

- 周期ハンドラ（cyclic handler）：一定周期ごとに起動する
- アラームハンドラ（alarm handler）：指定した時刻に一度だけ起動する

　周期ハンドラは，指定した周期間隔で起動するハンドラで，μITRON では複数の周期ハンドラを管理することができます．わざわざ複数のタイマ割込みハンドラを作らなくても，周期ハンドラで実現すれば，一定周期で動作する処理をカーネルへの登録作業だけで簡単に実現できます．周期ハンドラの生成は，これまでのオブジェクトと同じように，コンフィギュレータか cre_cyc で生成します．また，システム動作中に表 2.22 のサービスコールによって動作開始や停止を指示することができます．

表 2.22　周期ハンドラを管理するサービスコール

サービスコール	機　能
sta_cyc	周期ハンドラの動作開始
stp_cyc	周期ハンドラの動作停止

　アラームハンドラは，指定した時刻に一度だけ起動するハンドラです．周期ハンドラ同様，μITRON では複数のアラームハンドラを管理することが可能で，コンフィギュレータか cre_alm で生成します．また，システム動作中に表 2.23 のサービスコールによって動作開始や停止を指示することができます．

表 2.23　アラームハンドラを管理するサービスコール

サービスコール	機　能
sta_alm	アラームハンドラの動作開始
stp_alm	アラームハンドラの動作停止

（４）カーネルのタイマ割込みハンドラ

　これらの三つの時間管理機能を実現するために，タイマ割込みハンドラが一つ必要になります．ハードウェアタイマを使って一定周期でタイマ割込みを発生させればよいだけです．これによって時間の概念を作ります．ハードウェアタイマは何を使ってもかまいませんが，マイコン内蔵のタイマモジュールを使用すると便利です．

　μITRON4.0 仕様では，このタイマ割込みハンドラが isig_tim サービスコールとして準備されています．これを呼び出すことによって，以下の処理を行います．

- システム時刻の更新
- 指定時間経過を待っているタスクの管理

  txxx_yyy サービスコール（tslp_tsk など）で待っているタスクが指定時間経過したか調査して，もし指定時間経過したら，そのタスクを WAITING から READY に移行して動く準備をする.
- 周期ハンドラ，アラームハンドラの管理

  周期ハンドラやアラームハンドラが動く時間かどうかを調査して，動くべきタイミングだったらそれを動作させる.

> ### 発展 時間の精度
>
> 　時間の表し方は，μITRON の仕様によって多少異なります．μITRON4.0 仕様では，サービスコールで使用する時間パラメータは実際の時間を示し，単位時間は "ms" です．たとえば，ercd=tslp_tsk(100) と記述した場合，100 ms 待つということになります．この時間間隔を実現するために，前述したカーネルのタイマ割込みハンドラとして isig_tim サービスコールを呼び出しますが，この isig_tim サービスコールを呼び出す間隔をタイムティックといいます．タイムティックを調整することで，時間の精度を調整できます.
>
> 　タイムティックはコンフィギュレータによって任意に設定することができます．タイムティック周期を 1 ms にすれば，実世界とシステムの中の時間概念が一致するので，あまり誤差は生じませんが，タイムティック周期を大きくすると，実世界とシステム動作上の時間概念がおおまかになってしまい誤差を大きくすることになります．図 2.77 で，実時間とシステム時刻の関係を示します.
>
> 　たとえば，tslp_tsk(3) を発行した場合，タスクが起床するまでの時間の精度は，図 2.77 の（a）の場合，3 ms ～ 4 ms になり誤差が少なくなりますが，図（b）の場合，3 ms ～
>
>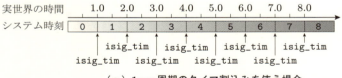
>
> （a）1 ms 周期のタイマ割込みを使う場合
>
>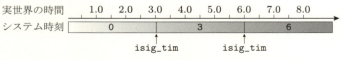
>
> （b）3 ms 周期のタイマ割込みを使う場合
>
> 図 2.77　実世界の時間とシステム時刻

6 ms になり誤差が大きくなります．その反面，図（a）の場合，カーネルのタイマ割込みが起動する回数が多くなり，システム全体の動作時間の割合を考えると，タイマ割込みハンドラが頻繁に動いてしまい，極端な話，ほかのタスクなどのプログラムが動けなくなってしまいます．タイムティック周期をどれぐらいに設定するかは，システム設計上考慮すべき大きなポイントになります．

2.10 メモリ管理

前節までリアルタイムマルチタスクシステムの実現に不可欠な μITRON の機能を解説してきましたが，リアルタイムマルチタスクシステムに限らずにソフトウェアの世界ではメモリ管理機能が必要です．

メモリ管理には，MMU（Memory Management Unit）を使って仮想メモリ（外部のハードディスクなどを利用してあたかも実際のメモリよりも大きなメモリをもってるかのごとく見せる仕組み）を実現する機能もありますが，μITRON では，仮想メモリは想定せずに，物理的に存在する共有メモリをマルチタスク環境下で使用するためにメモリプールを装備しています．本節では，このメモリプール管理機能について簡単に解説しておきましょう．

（1）メモリプールとは

メモリプール（memorypool）は，タスクが動作中にメモリが必要になったときに，ある決まった共有メモリから一時的に必要な分だけメモリの貸し出し管理を行うオブジェクトです．たとえば，グローバルなメモリを使ってタスク間通信を行うような場合，そのグローバルなメモリをメモリプールに割り当てて使うことによって，そのメモリ空間を μITRON の管理下にできます．そうすれば，タスク間で共有メモリを使用するときにお互いに共有メモリの使用状況などを確認する必要がなくなります．

メモリプールには，固定長メモリプールと可変長メモリプールがあります．固定長メモリプールは取得できるメモリサイズが固定のもので，可変長メモリプールはメモリサイズを任意に指定して自分が欲しい分だけ取得できるものです．どちらのメモリプールも生成時にメモリプールの全体の容量を指定してそのメモリ領域をあらかじめ確保しておきます．

（2）固定長メモリプールによるメモリ貸し出し

　固定長メモリプールからメモリを取得する様子とそのサービスコールを見てみ
ましょう．図 2.78 に示すように，固定長メモリプールからメモリを取得するには，
get_mpf サービスコールを使って固定サイズのメモリを取得します．get_mpf サー
ビスコールを発行したとき，メモリをすべて貸し出し中で貸し出しできるメモリがな
い場合は，メモリ返却待ちになり，RUNNING から WAITING に遷移します．取
得したメモリを固定長メモリプールへ返却するには，rel_mpf サービスコールを使い
ます．rel_mpf サービスコールを発行したとき，メモリ待ちのタスクがいれば，その
タスクにメモリを貸し出して WAITING から READY に移行させます．

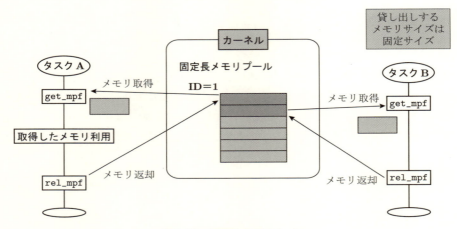

図 2.78　固定長メモリプール

（3）可変長メモリプールによるメモリ貸し出し

　可変長メモリプールからメモリを取得する場合も固定長と同じように行います．そ
の様子とサービスコールを図 2.79 に示します．

　可変長メモリプールからメモリを取得するには，get_mpl サービスコールを使っ
て指定した任意のメモリ容量を取得します．get_mpl サービスコールを発行したと
き，メモリをすべて貸し出し中で貸し出しできるメモリがない場合はメモリ返却待ち
になり，RUNNING から WAITING に遷移します．取得したメモリを可変長メモ
リプールへ返却するには，rel_mpl サービスコールを使います．rel_mpl サービスコー
ルを発行したとき，メモリ待ちのタスクがいれば，そのタスクにメモリを貸し出して，
WAITING から READY に移行させます．

　カーネルは，メモリプールから貸し出したメモリについて，現在どのタスクがどの

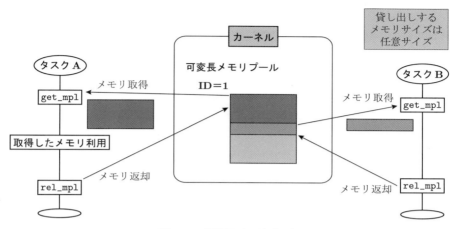

図 2.79　可変長メモリプール

メモリを使っていてどのメモリを使い終えたかということを認知できません．よって，メモリを使い終わったら，使い終わったタスクの責任でメモリを返却しなければなりません．図 2.78, 2.79 の場合，メモリを取得したタスクがそのメモリを使い終えたら，メモリプールへメモリの返却を行っています．

（4）メモリプールとメールボックスの併用

　2.7.5 項で，メールボックスによる通信は，メッセージの先頭アドレスを通信するだけで，実際のメッセージデータは共有メモリに書き込んで使うため，この共有メモリについて排他管理が必要であることを解説しました．しかし，メールボックスで通信に使うためのメッセージを作るときに，メモリプールからメモリを取得して使えば，メモリ管理をカーネルにまかせられるので排他制御は必要なくなります．その様子を図 2.80 に示します．この場合，メッセージを受信したタスクがそのメッセージの処理を終えたら，メモリプールへメモリの返却を行っています．

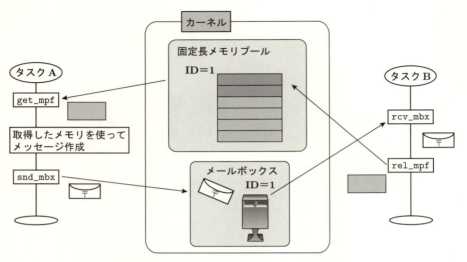

図 2.80 メモリプールとメールボックスの併用

2.11 組込みシステムの構築方法

前節まで μITRON のさまざまな機能について解説してきましたが，実際に μITRON を使って組込みシステムを構築する手順を解説しましょう．

（1）組込みシステムの構築手順

組込みシステムの構築はつぎの手順で行います．

（ⅰ）アプリケーションプログラムのコーディング

　　要求仕様に応じて μITRON 上で動作するプログラムを実際にコーディングします（図 2.81）．

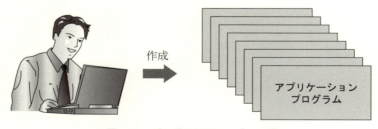

図 2.81 プログラムのコーディング

　本書では詳しく解説しませんが，システムに応じた最適なタスク・割込みの割り当て，タスク優先度の割り当て，それから，どのサービスコールを使って同期・通信をやるかなどをよく考えて作る必要があります．作る必要があるプログラムを挙げておきましょう．

- ■ タスク
- ■ 割込みハンドラ
- ■ タイムイベントハンドラ(周期ハンドラ，アラームハンドラ)
- ■ タイマドライバ(カーネルの時間管理を実現するタイマ割込みハンドラ)
- ■ 各種初期化ルーチン
- ■ デバイスドライバ(入出力を行うハードウェアを制御するプログラム)
- ■ ミドルウェア(必要に応じて利用する)

（ⅱ）コンフィギュレーション（configuration）

　コンフィギュレーションとは，システムに応じて必要なオブジェクト(タスク，イベントフラグなどのカーネル資源)を生成する作業です．詳しくは次項で解説します．

　この作業によってカーネルを最適化します．具体的には，カーネルのオブジェクトの生成情報が書き込まれたコンフィギュレーシンファイルを作成することです．

　たいていの場合，μITRON を提供しているメーカがコンフィギュレーションファイルを自動生成する GUI ツール「コンフィギュレータ」を準備しているケースが多いようです．図 2.82 は，ルネサスエレクトロニクス（以降，ルネサスと記載する）が提供する μITRON のコンフィギュレータです．

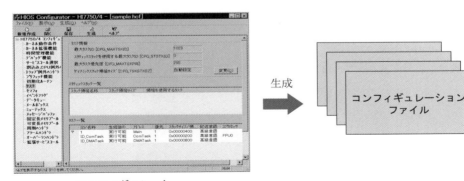

コンフィギュレータ

図 2.82　コンフィギュレータ

（ⅲ）ロードモジュールの生成（ビルド）

　（ⅰ）で作ったアプリケーションプログラムや（ⅱ）で作ったコンフィギュレーションファイルをコンパイルし，出来上がったオブジェクトファイルとカーネルライブラリとをリンクしてロードモジュール（ROM上で実行可能なプログラム形態）を生成します．このロードモジュールをROMに書き込んで，実機に載せて，システムが完成となります．

　通常，エディタ，コンパイラ，リンカなどのツールは，GUIツールとして統合されているもの（統合開発環境）が準備されています．

　図2.83は，ルネサスが提供する統合開発環境HEWでロードモジュールを生成する様子です（HEW は High-performance Embedded Workshop の略です）．

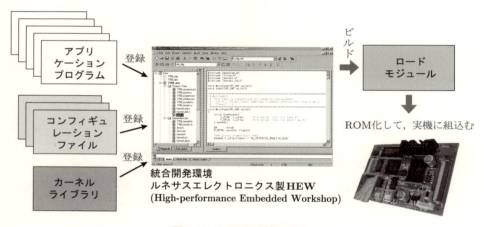

図 2.83　システム構築の流れ

（2）コンフィギュレーション

　さて，μITRON などのリアルタイム OS を導入しないで組込みシステムを構築する場合，先ほど説明した（1）システム構築手順でいうと，

　（ⅰ）プログラムコーディング　⇒　（ⅲ）ロードモジュールの生成

といった手順で進めますが，μITRON を導入する場合，なぜ（ⅱ）コンフィギュレーションという工程が必要なのかを説明しておきましょう．

　μITRON はこれまで解説してきたように，たくさんの機能をもっていますが，すべての機能が常に必要だとは限りません．システムに応じて使わなくても実現できる不要な機能もあるはずです．メモリが豊富なシステムであれば全機能を盛り込めます

が，組込みシステムはメモリサイズが限られているので，必要な機能だけを選択して，そのシステムに合った最適な使い方をする必要があります．

コンフィギュレーションとは，表2.24と図2.84に示すように，システムに応じて使用する機能の選択をして，システムに合ったカーネルを再構築することです．

カーネルを最適化するために必要な情報を定義するファイルがコンフィギュレーションファイルです．

表2.24　コンフィギュレーションの定義内容とねらい

定義内容	使用する機能の選択 使用するオブジェクト（タスク，イベントフラグ，セマフォなど）の登録
ねらい	カーネルの最適化 メモリ（ROM/RAM）サイズの最小化

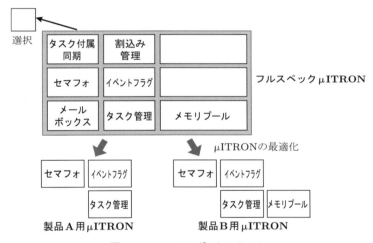

図2.84　コンフィギュレーション

コンフィギュレーションファイルは，図2.85に示すように，人間がテキストエディタで作成する方法とコンフィギュレータというWindows上で動作するGUIツールを使って自動生成する方法があります．

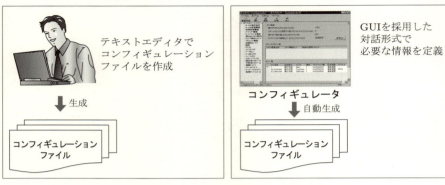

図 2.85 コンフィギュレーション作業

第3章
簡易型 μITRON　Smalight OS

　前章まで μITRON を中心にリアルタイム OS について解説してきましたが，実践編では μITRON の基本機能の理解を確実なものにするためにもう少し簡単なリアルタイム OS を使ってみましょう．本章では，実践編で使う μITRON ライクな超コンパクトなリアルタイム OS "Smalight OS" を紹介していきます．

注：Smalight は「スマライト」と読みます．

3.1　Smalight OS とは

　Smalight OS は，μITRON を含めリアルタイム OS の導入が困難だったメモリ容量の小さいマイコン向けにマクセルシステムテック（旧ルネサス北日本セミコンダクタ）が開発した超コンパクトなリアルタイム OS です．Smalight OS は，リアルタイム OS の基本的な機能を理解するうえで必要十分な機能をそろえていて，サービスコールについても μITRON とほぼ同じです．また，比較的安価で手に入りやすい簡易 OS なので，実践編では，この Smalight OS を使って実際のシステム開発の説明

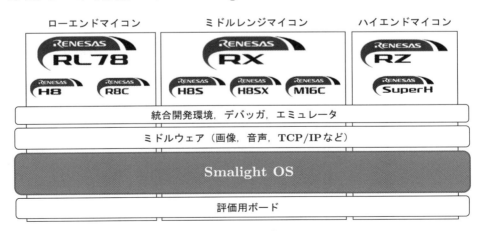

図 3.1　Smalight OS の適用マイコン

につなげていきましょう.

　ルネサスでは,さまざまな種類のマイコンを組込みシステム向けに開発しています.これらのマイコンを使ってシステムを開発するときは,リアルタイム OS 以外に,統合開発環境,デバッガ,エミュレータ,評価ボード,それから,ミドルウェアなどさまざまなものがツールとして必要になりますが,CPU コアごとにこれらを準備しておく必要があります.Smalight OS は図 3.1 に示すとおり,SH,RX,RL78,H8,R8C などの実にたくさんのルネサスのマイコン上で動作できるようになっています.

3.2 Smalight OS の特徴

　Smalight OS は,これまで解説してきた μITRON の仕様に完全に準拠した製品ではありませんが,メモリ容量が小さくてリソース制約の厳しいシングルチップマイコンでも使用できるように,必要最小限の機能に絞り込んだ OS です.表 3.1 を見

表 3.1　Smalight OS のサービスコール

区分	サービスコール	機　能	区分	サービスコール	機　能
タスク関連	slp_tsk	タスクの起床待ち	データキュー	rcv_dtq	データキューから受信
	tslp_tsk	タスクの起床待ち（タイムアウト付）		trcv_dtq	データキューから受信（タイムアウト付）
	wup_tsk , iwup_tsk	タスクの起床		snd_dtq , isnd_dtq	データキューへ送信
	cam_wup	タスクの起床要求のキャンセル		tsnd_dtq	データキューへ送信（タイムアウト付）
	rot_rdq , irot_rdq	タスクのローテーション		fsnd_dtq , ifsnd_dtq	データキューから強制送信
	sus_tsk , isus_tsk	他タスクの強制待ち		dtq_init	データキューの初期化
	rsm_tsk , irsm_tsk	強制待ちの解除		DTQ_ATTR	データキューの属性設定
イベントフラグ	wai_flg	イベントフラグ待ち	割込み関連	INTPUSH	割込み発生時のレジスタ退避
	twai_flg	イベントフラグ待ち（タイムアウト付）		INTPOP	割込み処理の終了とレジスタ復帰
	set_flg , iset_flg	イベントフラグのセット		disp	割込み処理をディスパッチして終了
	clr_flg	イベントフラグのクリア		callback_int	割込み処理コールバック
	evtflg_init	イベントフラグの初期化		slos_cyclic_timer	周期タイマ処理
	EVTFLG_ATTR	イベントフラグの属性設定		set_tim/get_tim	システム時刻の設定 / 取得
セマフォ	wai_sem	セマフォの獲得	時間管理	sta_cyc	周期ハンドラの動作開始
	twai_sem	セマフォの獲得（タイムアウト付）		stp_cyc	周期ハンドラの動作停止
	sig_sem , isig_sem	セマフォの返却		CYC_CHG	周期ハンドラの変更
	sem_init	セマフォの初期化		cyc_init	周期ハンドラの初期化
	SEM_ATTR	セマフォの属性設定		CYC_ATTR	周期ハンドラの属性設定

てわかるとおり，サービスコールは µITRON 仕様とほぼ同じものであり，これから µITRON を学習する皆さんには最適な OS です.

また，メモリ容量が小さいマイコンでも使用できるように，ビルディングブロック構造（ユーザアプリケーションプログラムで使用するサービスコールやオブジェクトを選択して任意にカーネルライブラリを作ることができる構造）によってメモリ容量の最適化が可能で，システムに必要な機能だけを取り出して OS のコンフィギュレーションができるようになっています.

たとえば，RL78 マイコンで Smalight OS を使用する場合，OS の ROM 容量は，約 1.3 キロバイト〜約 10 キロバイト程で，RAM 容量については，カーネルのワーク領域は最小構成で 24 バイト（タスク 3 本使用），最大構成でも 108 バイト（タスク 3 本使用）ですむようになっています（スタックサイズは入っていません）. スタックサイズ算出については 5.3.2 項を参照してください.

3.3　Smalight OS の機能

Smalight OS は，µITRON と同等の機能をもった OS ですが，超軽量かつ簡易にするために，µITRON の機能から思い切って絞り込んでいます.

Smalight OS がサポートしている機能は以下のとおりです.
- タスク付属同期機能
- イベントフラグ（同期・通信機能）
- セマフォ（同期・通信機能）
- データキュー（同期・通信機能）
- 割込み管理機能
- 時間管理機能

µITRON がもっている機能の中で Smalight OS がもっていない機能は，以下のとおりです.
- タスク管理機能（タスクの動的生成，削除）
- ミューテックス（同期・通信機能）
- メールボックス，メッセージバッファ（同期・通信機能）
- メモリプール（メモリ管理機能）

メールボックス，メッセージバッファ，それからメモリプールのようなメモリ資源がたくさんある前提のシステムで必要と思われる機能は削除しています. これらはメモリリソース制約が厳しいシステムではとくに必要ないと考えられます.

それでは，第2章で解説した μITRON と比較しながら Smalight OS の機能を見ていきましょう．

プログラムの記述例については，ルネサス製 RL78 マイコン用 Smalight OS とルネサス製統合開発環境 CS+ の利用を前提に記載していきます．

3.3.1 スケジューリング

Smalight OS は，μITRON と同様に，タスク優先度にもとづいたイベントドリブンスケジューリングとラウンドロビンスケジューリングを併用できるようになっています．2.6.2～2.6.4項を思い出してみてください．ただし，μITRON は各タスク優先度について複数のタスクが管理できますが，Smalight OS は，図3.2に示すように，タスク優先度＝タスク ID 番号という考え方で管理していて，各タスク優先度にタスクは1本のみです．これらのタスクをプライオリティタスクとよびます．

最下位優先度に限って，複数のタスクを管理できるようになっていて，これらのタスクをローテーションタスクとよびます．プライオリティタスクについては，タスク優先度ベースのスケジューリングを行います．ローテーションタスクについては，FCFS 方式のスケジューリングを行います．

このように Smalight OS は，タスクスケジューリングをより軽くするための工夫の一つとして，最下位優先度のタスクに限り複数タスクの管理を許しています．

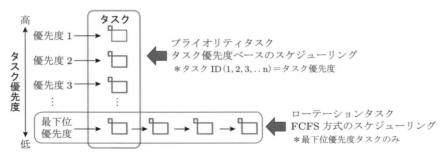

図3.2　Smalight OS のスケジューリング

3.3.2 システム状態遷移

今度は2.4節を思い出してみてください．μITRON ではシステムが動作開始すると，タスクコンテキストと非タスクコンテキストの二つの状態に大別されました．Smalight OS では，図3.3のように四つの状態に区分されます．

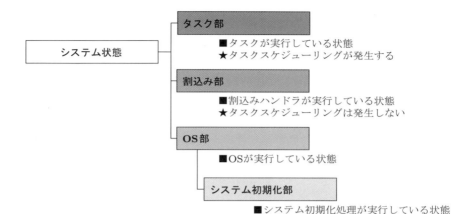

図 3.3 Smalight OS のシステム状態

　単純に，μITRON のタスクコンテキストに相当するのがタスク部の状態で，非タスクコンテキストに相当するのが割込み部の状態と考えてください．μITRON と同じように，タスク部と割込み部では，サービスコールを区別して使用するので注意してください（例：wup_tsk と iwup_tsk）．

　それから，OS を軽くするために工夫したのは，タスクの状態遷移です．2.5.2 項を思い出してみてください．μITRON 仕様では，タスク生成時にいったん DORMANT になってから，サービスコールで起動要求（act_tsk，sta_tsk）を行って READY に移行していきますが，Smalight OS の場合は，最初の初期登録の時点（コ

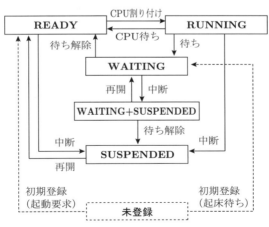

図 3.4 Smalight OS のタスク状態遷移

ンフィギュレーション）で各タスクについて READY か WAITING どちらかを登
録する方式になっています．つまり，Smalight OS には DORMANT 状態がありま
せん．DORMANT 状態を削除して OS を軽くしています．図3.4 に Smalight OS
のタスク状態遷移を示しますので，2.5.2 項の図2.6 と比較してみてください．

3.3.3 タスク関連機能

Smalight OS のタスク関連機能を解説しましょう．これは μITRON では，2.6 節
で解説したタスクスケジューリングと 2.7.2 項で解説したタスク付属同期機能を実現
する機能に相当します．システム動作中にタスクを生成する機能（cre_tsk），タスク
を削除する機能（ext_tsk），起動する機能（act_tsk, sta_tsk）は Smalight OS に
はありません．表3.2 にサービスコールをまとめました．

表3.2 タスク関連機能のサービスコール一覧

サービスコール	機　能	発行可能なシステム状態		
		タスク部	割込み部	システム初期化部
slp_tsk	タスクの起床待ち	○		
tslp_tsk	タスクの起床待ち（タイムアウト付き）	○		
wup_tsk	タスクの起床	○		
iwup_tsk			○	
can_wup	タスク起床要求のキャンセル	○	○	
rot_rdq	タスクのローテーション	○		
irot_rdq			○	
sus_tsk	タスクの強制待ち	○		
isus_tsk			○	
rsm_tsk	強制待ちの解除	○		
irsm_tsk			○	

ここで，実践編で使用するサービスコールについて解説しておきます．
データ型は表3.3 を参照ください．

表3.3 Smalight で規定するデータ型一覧

型	意　味
B	符号付き 8 ビット整数
H	符号付き 16 ビット整数
W	符号付き 32 ビット整数
UB	符号無し 8 ビット整数
UH	符号無し 16 ビット整数
UW	符号無し 32 ビット整数

（1）slp_tsk　タスクの起床待ち／タスク部専用 　　/ タスク部専用

```
W  ercd = slp_tsk(void);
```
■パラメータ　　　　　　　なし
■リターンパラメータ　　　W ercd

　　　| 1 | 2 | 3 | 4 |　（4 バイト）

　　　（1）（3）（4）　　　　reserved
　　　（2）エラーコード
　　　　　　　E_OK(0)：正常終了を示します

■解説
　自分自身で RUNNING 状態から WAITING 状態へ遷移します．WAITING 状態は，wup_tsk や iwup_tsk サービスコールによって解除されます．

（2）tslp_tsk　タスクの起床待ち（タイムアウト付き） 　　/ タスク部専用

```
W  ercd = tslp_tsk(W  tim);
```
■パラメータ　　　　　　　W tim　　　　　　タイムアウト時間（msec）
■リターンパラメータ　　　W ercd

　　　| 1 | 2 | 3 | 4 |　（4 バイト）

　　　（1）（3）（4）　　　reserved
　　　（2）エラーコード
　　　　　　　E_OK(0)：wup_tsk によって WAITING が解除
　　　　　　　された場合，正常終了
　　　　　　　E_TMOUT(0xCE)：tim 経過後に復帰した場合

■解説
　タイムアウト時間を指定して自分自身で RUNNING 状態から WAITING 状態に遷移します．WAITING 状態はタイムアウト経過，または，wup_tsk あるいは iwup_tsk サービスコールにより解除されます．

（3）wup_tsk　タスクの起床 　　/ タスク部専用
（4）iwup_tsk　タスクの起床 　　/ 割込み部専用

```
void wup_tsk(UB  tid);
void iwup_tsk(UB  tid);
```
■パラメータ　　　　　　　UB tid　　　タスク ID
■リターンパラメータ　　　なし
■解説
　slp_tsk または tslp_tsk サービスコールにより WAITING 状態になっているタスクを READY 状態に移行させます．

(5) rot_rdq　タスクのローテーション　　　　　　　　　／タスク部専用

(6) irot_rdq　タスクのローテーション　　　　　　　　／割込み部専用

```
void rot_rdq(void);
void irot_rdq(void);
    ■ パラメータ          なし
    ■ リターンパラメータ    なし
    ■ 解説
    ローテーションタスクのレディキューを回転させます.
    (FCFS で管理されているローテーションタスクのレディキューについて先頭タスクを
    最後尾につなぎかえます.)
```

μITRON 同様, Smalight OS でも, タスクは C 言語の関数として作成します. 通常, タスクは永久ループにして終了させないように記述するのが基本です. リスト 3.1 に Smalight OS を使ったタスクの記述例を示します.

▼リスト 3.1　Smalight OS のタスクの記述例

```
                              ┌─────────────────────┐
                              │ Smalight OS のインクルードファイ │
#include "slos.h" ●───────────│ ル. 必ずインクルードする.        │
                              └─────────────────────┘

                              ┌──────────────┐
void Task_xxx_xxx(void) { ●───│ 通常の関数として記述. │
                              └──────────────┘
while(1) {
            /* WAITING 状態になるサービスコール  */
            /* タスクメインの処理                */
}
}
```

3.3.4　同期・通信機能

　Smalight OS の同期・通信機能を解説しましょう. Smalight OS でサポートされている同期・通信機能は, イベントフラグ, セマフォ, データキューの3機能です. それぞれ 2.7.3 項, 2.7.4 項, 2.7.6 項で解説していますので思い出してみましょう.

　μITRON とは多少サービスコールの引数の扱いが違いますが, 動作の仕方については, ほぼ μITRON と同じといっていいでしょう. それぞれについてサービスコール一覧を表 3.4 〜 3.6 にまとめておきました.

　実践編では, 同期・通信の代表的な機能としてイベントフラグとデータキューを使いますので, イベントフラグとデータキューのサービスコールについて解説しておきます.

表3.4　イベントフラグのサービスコール一覧

サービスコール	機　能	発行可能なシステム状況		
		タスク部	割込み部	システム初期化部
wai_flg	イベントフラグ待ち	○		
twai_flg	イベントフラグ待ち（タイムアウト付き）	○		
set_flg	イベントフラグのセット	○		
iset_flg			○	
clr_flg	イベントフラグのクリア	○	○	
evtflg_init	イベントフラグの初期化			○
EVTFLG_ATTR	イベントフラグの属性設定			○

注：evtflg_init と EVTFLG_ATTR は，コンフィギュレータにより自動生成されます．

表3.5　セマフォのサービスコール一覧

サービスコール	機　能	発行可能なシステム状況		
		タスク部	割込み部	システム初期化部
wai_sem	セマフォの獲得	○		
twai_sem	セマフォの獲得（タイムアウト付き）	○		
sig_sem	セマフォの返却	○		
isig_sem			○	
sem_init	セマフォの初期化			○
SEM_ATTR	セマフォの属性設定			○

注：sem_init と SEM_ATTR は，コンフィギュレータにより自動生成されます．

表3.6　データキューのサービスコール一覧

サービスコール	機　能	発行可能なシステム状況		
		タスク部	割込み部	システム初期化部
rcv_dtq	データキューからの受信	○		
trcv_dtq	データキューからの受信（タイムアウト付き）	○		
snd_dtq	データキューへの送信	○		
isnd_dtq			○	
tsnd_dtq	データキューへの送信（タイムアウト付き）	○		
fsnd_dtq	データキューへの強制送信	○		
ifsnd_dtq			○	
dtq_init	データキューの初期化			○
DTQ_ATTR	データキューの属性設定			○

注：dtq_init と DTQ_ATTR は，コンフィギュレータにより自動生成されます．

（1）wai_flg イベントフラグ待ち ／タスク部専用

```
W  ercd = wai_flg(UB  fid,  UH  ptn);
```
  ■パラメータ　　　　　　UB fid　　　　　イベントフラグ ID
  　　　　　　　　　　　　UH ptn　　　　　待ちビットパターン（16 ビット）
  ■リターンパラメータ　W ercd
  　　　　　　　　　　　　`1` `2` `3` `4`　（4 バイト）
  　　　　　　　　　　　　（1）　　reserved
  　　　　　　　　　　　　（2）　　エラーコード
  　　　　　　　　　　　　　　　　E_OK(0)　正常終了
  　　　　　　　　　　　　（3）（4）待ち解除時のビットパターン（16 ビット）

  ■解説
  　　fid で指定したイベントフラグが，ptn で指定したビットがセットされるのを待ちます．
  　　（RUNNING から WAITING へ遷移）
  　　すでに待ちビットがセットされている場合は，WAITING 状態にならずそのまま動作
  　　を続けます．

（2）twai_flg イベントフラグ待ち（タイムアウト付き） ／タスク部専用

```
W  ercd = twai_flg(UB  fid, UH  ptn, W  tim);
```
  ■パラメータ　　　　　　UB fid　　　　　イベントフラグ ID
  　　　　　　　　　　　　UH ptn　　　　　待ちビットパターン（16 ビット）
  　　　　　　　　　　　　W tim　　　　　タイムアウト時間（ms）
  ■リターンパラメータ　ercd
  　　　　　　　　　　　　`1` `2` `3` `4`　（4 バイト）
  　　　　　　　　　　　　（1）　　reserved
  　　　　　　　　　　　　（2）　　エラーコード
  　　　　　　　　　　　　　　　　E_OK(0)　　　　　正常終了
  　　　　　　　　　　　　　　　　E_TMOUT（0xCE）　タイムアウト
  　　　　　　　　　　　　（3）（4）待ち解除時のビットパターン（16 ビット）

  ■解説
  　　fid で指定したイベントフラグが，ptn で指定したビットがセットされるか，タイムアウ
  　　ト経過するのを待ちます．（RUNNING から WAITING へ遷移）
  　　すでに待ち要因を満たす場合は，WAITING 状態にならずそのまま動作を続けます．

（3）set_flg　イベントフラグのセット　　　　　　　／タスク部専用
（4）iset_flg　イベントフラグのセット　　　　　　　／割込み部専用

```
void set_flg(UB  fid, UH  ptn);
void iset_flg(UB  fid, UH  ptn);
```
　■パラメータ　　　　　UB fid　　　イベントフラグ ID
　　　　　　　　　　　　UH ptn　　　セットするビットパターン（16 ビット）
　■リターンパラメータ　なし
　■解説
　　fid で指定したイベントフラグを，ptn で指定するビットパターンとの論理和（OR）
　　で更新します．
　　イベントフラグ更新の結果，待ちタスクの解除条件を満たせば，待ちタスクを
　　WAITING 状態から READY 状態に移行させます．

（5）clr_flg　イベントフラグのクリア　　　　　　　／タスク部，割込み部用

```
void clr_flg(UB  fid, UH  ptn);
```
　■パラメータ　　　　　UB fid　　　イベントフラグ ID
　　　　　　　　　　　　UH ptn　　　クリアするビットパターン（16 ビット）
　■リターンパラメータ　なし
　■解説
　　fid で指定したイベントフラグを，ptn で示すビットパターンとの論理積（AND）に
　　更新します．

（6）evtflg_init　イベントフラグの初期化　　　　　／初期化部専用

```
void evtflg_init(void);
```
　■解説
　　イベントフラグを初期化して，イベントフラグ機能を使えるようにします．
　　コンフィギュレータが自動生成します．

（7）**EVTFLG_ATTR　イベントフラグ属性の設定**　　　　　　/ 初期化部専用

```
void EVTFLG_ATTR(UB fid, UB attr);
```
　■パラメータ　　　　　　　UB　fid　　　イベントフラグID
　　　　　　　　　　　　　　UB　attr　　イベントフラグ属性

　　　　　　　　　（1）　イベントフラグ待ちタスクのキュー管理
　　　　　　　　　　　　　EVFLG_TA_TFIFO（FIFO順）
　　　　　　　　　　　　　EVFLG_TA_TPRI（タスク優先度順）
　　　　　　　　　（2）　イベントフラグの待ち条件
　　　　　　　　　　　　　EVFLG_TA_AND（AND待ち）
　　　　　　　　　　　　　EVFLG_TA_OR（OR待ち）
　　　　　　　　　（3）　待ち解除時のイベントフラグクリアの有無
　　　　　　　　　　　　　EVTFLG_TA_CLR（クリア指定）

　■リターンパラメータ　　なし
　■解説
　　fidで指定したイベントフラグの属性を設定します．
　　イベントフラグIDごとに属性設定が必要です．
　　EVTFLG_TA_CLR属性を指定すると，イベントフラグ待ちタスクが待ち解除される
　　ときに，イベントフラグのビットパターンのすべてのビットをクリアします．
　　コンフィギュレータが自動生成します．
　■注意
　　μITRONでは，cre_flgに相当します．

（8）**rcv_dtq　データキューからの受信**　　　　　　　　　/ タスク部専用

```
ercd = rcv_dtq(UB qid, W *data);
```
　■パラメータ　　　　　　qid　　　　　データキューID
　　　　　　　　　　　　　*data　　　受信データを格納する領域のポインタ
　■エラーコード　　　　　ercd
　　　　　　　　　　　　　| 1 | 2 | 3 | 4 |
　　　　　　　　　　　　（1）（3）（4）　reserved
　　　　　　　　　　　　（2）　　　　エラーコード
　　　　　　　　　　　　　　　　　　E_OK(0)　　正常終了

　■解説
　　指定データキューからデータを受信し，dataに返します．
　　データ受信後，送信待ちタスクがあればデータキュー送信を行い，WAITING状態か
　　らREADY状態へ移行させ，送信待ちを解除します．
　　データキューにデータがない場合，RUNNING状態からWAITING状態へ遷移して，
　　データ送信されるまで待ちます．

（9）snd_dtq　データキューへの送信　　　　　　　　/ タスク部専用

```
ercd = snd_dtq(UB qid, W data);
```
　　■パラメータ　　qid　　　　　　データキュー ID
　　　　　　　　　　data　　　　　　送信データ
　　■エラーコード　ercd　　　　⬚1 ⬚2 ⬚3 ⬚4

　　　　　　　　　　　　　(1)(3)(4)　　　reserved
　　　　　　　　　　　　　(2)　　　　　　エラーコード
　　　　　　　　　　　　　　　　　E_OK(0)　　　　　　　正常終了
　　　　　　　　　　　　　　　　　E_TMOUT(0xCE)　　タイムアウト

　　■解説
　　　指定データキューに data を送信します.
　　　受信待ちタスクがあれば，データを渡して WAITING 状態から READY 状態へ移行
　　　させ，受信待ちを解除します.
　　　データキュー空きがない場合，RUNNING 状態から WAITING 状態へ遷移して，デー
　　　タキューに空きができるまで 待ちます.

（10）dtq_init　データキューの初期化　　　　　　　　/ 初期化部専用

```
void dtq_init(void);
```
　　■解説
　　　データキューの管理領域を初期化して，データキュー機能を使えるようにします.
　　　コンフィギュレータが自動生成します.

（11）DTQ_ATTR　データキューの属性設定　　　　　　/ 初期化部専用

```
void DTQ_ATTR(UB qid, UB attr, B cnt, W *dtq);
```
　　■パラメータ　qid　　　　　データキュー ID
　　　　　　　　　attr　　　　　データキュー属性

　　　　　　　　　　┌─────────────────────────────┐
　　　　　　　　　　│(1)　データキュー送信待ちタスクのキュー管理│
　　　　　　　　　　│　　　　DTQ_TA_TFIFO（FIFO 順）　　　　　│
　　　　　　　　　　│　　　　DTQ_TA_TPRI（タスク優先度順）　　│
　　　　　　　　　　└─────────────────────────────┘

　　　　　　　　　cnt　　　　　データ数
　　　　　　　　　dtq　　　　　データキュー領域の先頭番地
　　■解説
　　　指定データキューの属性を設定します.
　　　コンフィギュレータが自動生成します.
　　■注意
　　　µITRON では cre_dtq に相当します.

3.3.5 割込み管理機能

Smalight OS の割込み管理機能を解説しましょう．2.8 節で解説した µITRON の割込み管理機能と同じで，割込みハンドラからサービスコールを呼び出した場合，遅延ディスパッチのルールに従ってタスクスケジューリングを行う方式です．ただし，Smalight OS で割込みを扱う場合は，割込みを表 3.7 に示すとおり二つに区分して考えます．

表 3.7　Smalight OS の割込み区分

割込み区分	説明
disp 無割込みハンドラ	1.　サービスコールを発行しない，割込み発生元へ戻る割込み 2.　NMI（Non-Maskable Interrupt） 3.　カーネルマスクレベルより高いレベルの割込み
disp 有割込みハンドラ	1.　サービスコールを発行してタスクスケジューリングを行う割込み 2.　カーネルマスクレベル以下のレベルの割込み 　　注：割込みの最後でdispサービスコールを発行することにより， 　　　　カーネル（スケジューラ）へ制御を移行する．

disp というのはディスパッチ（タスク切り替え）のことで，割込みハンドラ終了後にディスパッチが発生し得るかどうかで割込みを二つに分けています．カーネルマスクレベルというのは，カーネルが処理をしているときに，レディキューなどのカーネルの内部情報に矛盾が発生するのを防ぐために割込みをマスク（禁止）して動作する箇所がありますが，この割込みマスクレベルのことをいいます．このカーネルマスクレベルは，システムに応じてコンフィギュレーションの際に任意に指定できます．

以下に，disp 無割込みハンドラと disp 有割込みハンドラの流れを示します．図 3.5 に示すように，disp 無割込みハンドラの場合，割込みハンドラ内ではサービスコールを発行できないので，割込みハンドラの処理が終了後，必ず割込み発生元に復帰します．一方，図 3.6 に示すように，disp 有割込みハンドラの場合は，割込みハンドラ内でサービスコールを発行できるので，割込みハンドラ終了後，ほかのタスクへ切り替わる可能性があります．

Smalight OS を使ったシステムでも，タスクへ事象の発生通知を行うために割込みハンドラからサービスコールを呼び出す場合があります．そこで，µITRON と同じように，割込みハンドラが動作中は，割込み部専用サービスコールを使って，disp( ) サービスコールによって割込みハンドラを終了させてスケジューリングを行います．図 3.7 に，Smalight OS の割込み発生時のスケジュールの様子を示します．

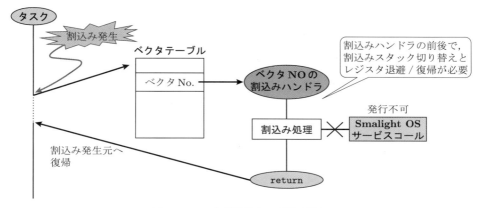

図 3.5　disp 無割込みハンドラの流れ

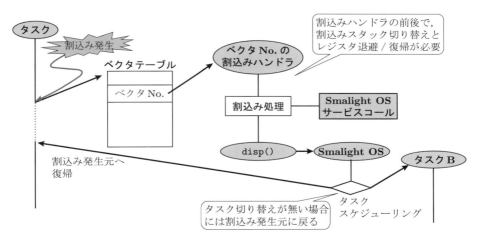

図 3.6　disp 有割込みハンドラの流れ

　多重割込みの場合も，μITRON 同様，遅延ディスパッチのルールに従ってスケジューリングされます．

　つぎに，実際に Smalight OS を使った割込みハンドラの記述方法を示します．disp 有割込みハンドラを記述する場合は，図 3.8 のように，割込み受付部と本体に分けて記述します．disp 有割込みハンドラ受付部はアセンブラ言語で，disp 有割込みハンドラ本体は C 言語で記述します．disp 有割込みハンドラ本体は，disp 有割込みハンドラ受付部から呼び出されます．

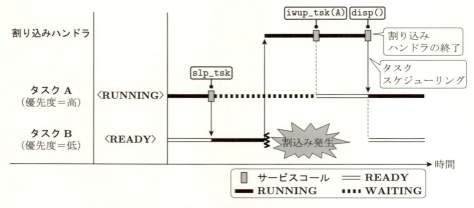

図 3.7 Smalight OS の割込み発生時のスケジュールの様子

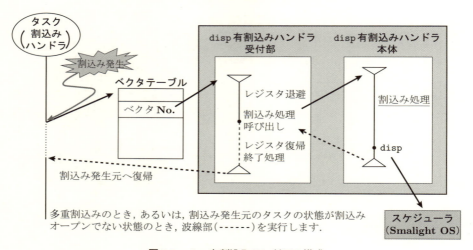

図 3.8 disp 有割込みハンドラの構成

　ただし，RL78 用 SmalightOS の場合は，#pragma rtos_interrupt 宣言により，disp 有割込み受付部の処理と disp 有割込み本体で呼び出す disp サービスコールが自動的に実行されますので，割込み処理の箇所だけを記述します．

　disp 有割込みハンドラの記述例をリスト 3.2 に示します．

　つぎに，disp 無割込みハンドラの記述例をリスト 3.3 に示します．サービスコールは使用できません．

　割込みハンドラを記述したら，割込みベクタテーブルに割込みエントリアドレスを登録します．disp 無割込みハンドラの場合は disp 無割込みハンドラ本体の関数名を，disp 有割込みハンドラの場合は disp 有割込みハンドラ受付部のシンボル名を，該当

▼リスト3.2　disp 有割込みハンドラの記述例

```
#pragma rtos_interrupt INTTM00 INT_hundler
    /* 割込み要求名，割込み関数名を指定する          */
    /* 割込み要求名により割込みベクタが自動生成される  */

#incude "slos.h"
    /* SmalightOS のインクルードファイル           */
    /* 必ずインクルードする                       */

__rtos_interrupt void INT_hundler(void)
{
    /* 割込み関数には割込み関数装飾子 __rtos_interrupt で宣言される */

    /* 割込みハンドラの処理を記述する              */
    /* 必要に応じて OS サービスコールを呼び出す      */
}
```

▼リスト3.3　disp 無割込みハンドラの記述例

```
#pragma interrupt INTTM00 INT_hundler SP=int0stack+20
    /* 割込み要求名，割込み関数名を指定する */
    /* 割込み要求名により割込みベクタが自動生成される */
    /* 割込みスタックを指定する */

unsigned short int0stack[10];
    /* 割込みスタックを定義する */

__interrupt void INT_hundler(void)
{
    /* 割込み関数には割込み関数装飾子 __interrupt で宣言される */

    /* 割込みハンドラの処理を記述する */
    /* OS サービスコールは呼び出せない */
}
```

する割込みベクタ No. の箇所に登録をします．これで，作成した割込みハンドラが割込み発生時に動作できるようになります．

　ルネサス製の統合開発環境 CS+ を利用する場合，#pragma rtos_interrupt 宣言，または，#pragma interrupt 宣言することで，割込みベクタテーブルが自動生成されます．

3.3.6 時間管理機能

Smalight OS の時間管理機能を解説します．2.9 節で解説した μITRON の時間管理機能とほぼ同等と考えていいでしょう．ただし，Smalight OS にはアラームハンドラはありません．表 3.8 に時間管理機能のサービスコール一覧をまとめました．

表 3.8 時間管理機能のサービスコール一覧

サービスコール	機　能	発行可能なシステム状態		
		タスク部	割込み部	システム初期化部
set_tim	システム時刻の設定	○	○	
get_tim	システム時刻の取得	○	○	
systim_init	時間管理の初期化			○
slos_cyclic_timer	周期タイマ処理		○	
sta_cyc	周期ハンドラの動作開始	○	○	
stp_cyc	周期ハンドラの動作停止	○	○	
CYC_CHG	周期ハンドラの周期変更	○	○	
cyc_init	周期ハンドラの初期化			○
CYC_ATTR	周期ハンドラの属性設定			○

注：systim_init，cyc_init，CYC_ATTR は，コンフィギュレータにより自動生成されます．

ここで，実践編で使用するサービスについて解説しておきます．

(1) systim_init　時間管理の初期化 ／初期化部専用

```
void systim_init(void);
```
■解説

時間管理領域（タイマキュー）の初期化をして，時間管理機能を使えるようにします．

システム時刻←0

コンフィギュレータが自動生成します．

(2) get_tim　システム時刻の取得 ／タスク部，割込み部用

```
void get_tim(SYSTIM *tim);
```
■パラメータ SYSTIM *tim　 システム時刻（ms）を格納した領域のポインタ
```
    typedef struct_system{
        UH    htim;              システム時刻　上位 16 ビット
        UW    ltim;              システム時刻　下位 32 ビット
    }SYSTIM;
```
■解説

システム時刻を取得します．

(3) cyc_init   周期ハンドラの初期化   / 初期化部専用

```
void cyc_init(void);
```
■ 解説
周期ハンドラの管理領域を初期化して，周期ハンドラを使えるようにします．
コンフィギュレータが自動生成します．

(4) CYC_ATTR   周期ハンドラの属性設定   / 初期化部専用

```
void CYC_ATTR(UB cid, UB attr, void(*hdr)(UB)hdr, W cyc);
```
■ パラメータ　cid   周期ハンドラ ID
　　　　　　　attr   周期ハンドラ属性

> (1)　周期ハンドラの初期起動設定
> 　　　CYC_TA_NON（動作を開始しない）
> 　　　CYC_TA_STA（動作を開始する）

　　　　　　　hdr   周期ハンドラ関数
　　　　　　　cyc   周期時間（ms）
■ 解説
指定周期ハンドラの属性を設定します．
コンフィギュレータが自動生成します．

(5) CYC_CHG   周期ハンドラの周期時間変更   / タスク部，割込み部用

```
void CYC_CHG(U cid, W cyc)
```
■ パラメータ　cid   周期ハンドラ ID
　　　　　　　cyc   周期時間（ms）
■ 解説
指定周期ハンドラの起動周期を変更します．

μITRON では，時間管理機能を実現するために，カーネルのタイマ割込みハンドラが isig_tim サービスコールとして実装されていますが，Smalight OS では，slos_cyclic_timer が，isig_tim サービスコールに相当します．tslp_tsk（tim）サービスコールなどで使用する時間パラメータは，μITRON4.0 仕様と同様に実際の時間を示し，単位時間は "ms" です．OS のタイマ割込みは，disp 有割込みハンドラとして記述します．記述例をリスト 3.4 に示します．

▼リスト3.4　OS のタイマ割込みハンドラの記述例

```
#pragma rtos_interrupt INTTM00 INT_TIM_hundler
    /* タイマ割込み関数名を指定する        */
#incude "slos.h"

__rtos_interrupt void INT_TIM_hundler(void)
{
  slos_cyclic_timer();
   /* OS の周期タイマ処理を呼び出す        */
}
```

3.4　Smalight OS の起動

　最後に，Smalight OS の起動手順を説明します．μITRON のシステム起動手順についてとくに解説しませんでしたが，基本的な処理フローや，やるべきことはμITRON でも Smalight OS でも同じ考え方です．CPU リセットからリセット割込みが起動して，そこから Smalight OS が起動し，その後マルチタスク動作へ移るまでの流れを図3.9 に示します．

　Smalight OS は図3.9 のとおり，CPU リセット後にいきなり起動はできません．CPU リセット後に起動するリセットプログラム（スタートアップルーチン）により，デバイスやハードウェアが動作するために必要な初期化を行ってから Smalight OS の起動（slos_init）を行います．

　リセットプログラム（スタートアップルーチン）では，はじめにスタックポインタを設定してから，外部に接続したメモリをアクセスするためにバスやメモリの初期化をしたり，システム起動に必要な各種ハードウェアの初期化を行います．

　slos_init により，OS が起動すると，OS 内部の初期化を行い，OS が動作する準備を整えます．ここで，カーネル資源の初期化を行う kinit() が呼び出され，この中で各種カーネル機能の初期化や各種オブジェクトの属性設定を行います．

　その後に，ターゲットシステムに応じて初期化を行うユーザ初期化 uinit() が呼び出されます．ここでは，タスク起動前に必要な初期化を行っておきます．カーネルの時間管理を実現するためのタイマもここから起動しておきます．

　その後，登録されたタスク数分だけタスクスタックの初期化を行い，OS のディスパッチャ（スケジューラ）が起動します．OS のディスパッチャが起動すると，2.6

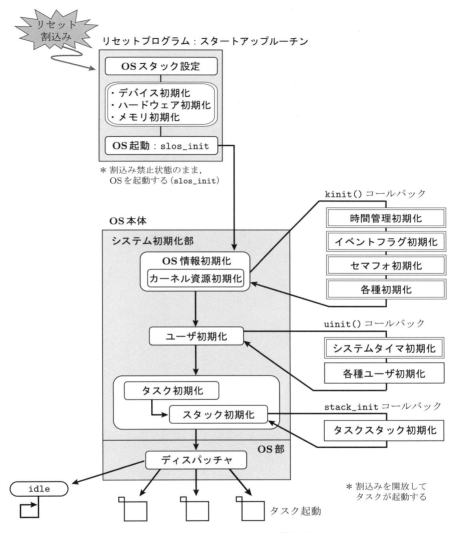

図 3.9 Smalight OS のシステム起動処理フロー

節で説明したとおり，READY 状態のタスクの中で，タスク優先度が一番高いタスクが起動し，そこからマルチタスク動作が始まります．もし READY 状態のタスクが一つも設定されていなかった場合は，idle（アイドル）状態となり，割込みを開放して永久ループに入ります．idle 状態に入った場合は，割込み部のプログラム（割込みや周期ハンドラ）によりタスクを起床させていくことになります．

　リセットプログラムと kinit() と uinit() は，システムに応じて開発側がプログラ

ムを記述する部分です.

　kinit() の記述例をリスト3.5に示します.これは,コンフィギュレータを使った場合,自動生成されます.

▼リスト3.5　kinit() の記述例

```
#include "slos.h"
void kinit(void)
{
    systim_init();

    evtflg_init();
    EVTFLG_ATTR(1,(EVFLG_TA_AND+EVFLG_TA_CLR+EVFLG_TA_TPRI));

    sem_init();
    SEM_ATTR(1, 1, SEM_TA_TPRI);
}
```

実践編

実践編では演習問題がありますが，本書に解答は掲載していません．組込みシステム開発では，正しく動作する解が無数に存在するのです．参考のため，解答例を下記のホームページに掲載しましたが，ほかの方法も試してみてください．

http://www.morikita.co.jp/books/mid/078452

第4章 リアルタイムOSを用いたシステムの開発の流れ

　リアルタイムOSのシステムに限りませんが，システムを開発するときは最初の設計が重要です．この章では，リアルタイムOSを用いて組込みソフトウェアを開発するときの作業の流れを説明します．第6章以降の実機を用いた演習では，第3章で説明したSmalight OSを使いますが，ここではルネサス製のμITRON仕様OSであるHI7000/4シリーズとSmalight OSに共通する項目を取りあげます．

4.1　開発手順

　リアルタイムOSを用いない従来方式のソフトウェアについては開発・設計の流れが確立されていますが，リアルタイムOSを用いたシステムの設計の流れは，確立されているとはいいがたい状況です．そこで，この節では，設計段階でシステム全体の動作を表現するために，どのようなドキュメントを作成すればよいかを考えます．

4.1.1　開発作業の流れ

　従来方式のソフトウェア開発では，外部仕様（入出力の定義）を決定したあと，内部の詳細設計ではモジュールごとの仕様書や，構造化設計のための図式やフローチャートで，流れの設計をします．普通のC言語のプログラムでは，割込み処理を除けば関数呼び出しでプログラムの流れが決まり，その流れは図式で容易に表現できます．

　しかし，リアルタイムOSの環境下では流れの制御の方法が異なるので，フローチャートなどではうまく表現できません．そこで筆者は，オブジェクト仕様書，オブジェクト関連図，シーケンス図の組み合わせで設計するのがよいと考えています．本書では図4.1のような手順を想定して説明を進めます．とくに，図4.1の手順の中で，②のタスク分割，③の設計ドキュメント作成，⑤のコンフィギュレーションはリアル

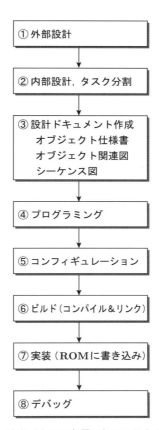

図 4.1　リアルタイム OS を用いたシステムの開発の流れ

タイム OS を用いたシステム特有のステップです．タスク分割というのは，内部設計の段階でタスクを定義し，必要な処理を分割して各タスクに割り当てる作業です．従来方式のソフトウェア開発ではモジュール分割（関数の定義）に相当します．

　タスク分割は，従来方式のモジュール分割と同様に，全体の処理をどのような規模で細分化するかをよく検討する必要があります．リアルタイム OS では，1.4.3 項で説明したように，タスクを部品化して別のソフトウェアで再利用することが開発効率の向上につながります．そこで，リアルタイム OS を実際の製品設計に応用する場合は，スイッチの検出など汎用性のあるタスクと，システム固有の処理を行うタスクを分けて考えることが求められます．また，部品化のためには，大規模なタスクより，機能を絞り込んだ（単一機能の）タスクのほうが望ましいといえます．なお，⑤のコンフィギュレーションについては第 5 章で詳しく説明します．

4.1.2　オブジェクト仕様書

　開発・設計作業では，内部設計の段階でシステムの処理内容をいくつかのタスクに分割し，各タスクの役割とタスク間通信などのオブジェクトの仕様を決めて一覧表にします．割込みハンドラ（割込み処理関数）は，本来はオブジェクトではありませんが，設計段階ではオブジェクトに含めておきます．このタスク，オブジェクト，割込みハンドラを一覧表にしたものがオブジェクト仕様書です．第 6 章のシステム例ではオブジェクト一覧表として書いていますが，きちんと仕様書化するときは，タスクであれば優先度や使用するサービスコールや入出力などを，イベントフラグであれば発行および参照されるタスクも表に書き入れて完成させるのがよいでしょう．実験用の試作などであれば，簡略化したものでかまいません．

　表 4.1 は第 6 章で説明する sample5 で使用するオブジェクトの一覧表ですが，処理内容を三つのタスクに分割しています．また，周期ハンドラで 100 ms の時間間隔を発生させています．タスク間の同期と通信には三つのイベントフラグを用います．intTim という disp 有割込みハンドラが一つ用意されていますが，これは 3.3.6 項で説明したシステム時刻を更新するための OS のタイマ割込みハンドラです．

表 4.1　sample5 のオブジェクト一覧表

種　類	名　称	内　容
プライオリティタスク	alarm	1 秒のアラーム
プライオリティタスク	Main_Task	青色 LED 表示
ローテーションタスク	sw_sense	プッシュスイッチの監視
周期ハンドラ	cyc	100 ms の時間間隔作成
disp 有割込みハンドラ	intTim	システム時刻更新
イベントフラグ	フラグ 1	時間間隔通知
イベントフラグ	フラグ 2	プッシュスイッチ押しフラグ
イベントフラグ	フラグ 3	プッシュスイッチ離しフラグ

4.1.3　オブジェクト関連図

　図 4.2 は，sample5 のオブジェクト関連図です．オブジェクト関連図とは，オブジェクト仕様書で定義した各オブジェクトの関係を示していて，システム全体を把握するための重要な図です．タスク間の同期・通信の様子，周期ハンドラとタスクの関係が示されています．タスクの左肩の数字は ID 番号です．

　現時点では決まった描き方があるわけではないので，見やすいように工夫をしてみる

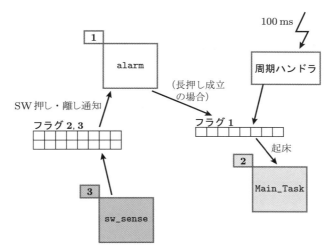

図 4.2　sample5 のオブジェクト関連図

とよいでしょう．たとえば，イベントフラグのビットごとの意味を書き込んだり，矢印の部分に各タスクが発行するサービスコールを書き込んだりすることが考えられます．

4.1.4　シーケンス図

　図 4.2 でシステム全体の構成はつかめますが，各タスクの状態がどのように変化していくか，時間の流れは表現されていません．そこで，時間の流れを横軸にとったシーケンス図を描きます．

　図 4.3 は，sample5 を表現したシーケンス図の例です．オブジェクト関連図と合わせてみると，システムの動きがつかめます．ただし，この図は見やすくするために情報をいくつか省略した概略シーケンス図です．この描き方の場合は，ある時点でどのタスクが READY になっているかという情報が含まれないため，タスクの数が多くなってレディキューにいくつものタスクが待っている場合には，動作がつかみ切れません．

　図 4.4 は，第 6 章の sample1 のシーケンス図です．この図では，各タスクのRUNNING，READY，WAITING の三つの状態が区別して表現されていて，さらにスケジューリングにかかわるサービスコールも記入されているので，正確な流れがわかります．しかし，二つのタスクでもこの程度の図になるので，タスクが増えてくると大規模な図になってしまいます．見やすくするためには，どのスイッチが押されたか，どのフラグが立ったかなどの場合分けを行って，複数のシーケンス図に分割す

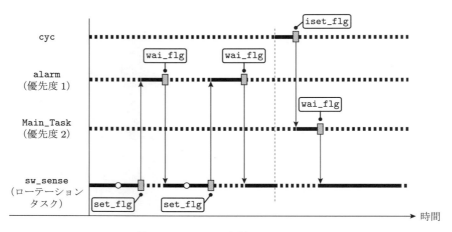

図 4.3 sample5 の概略シーケンス図

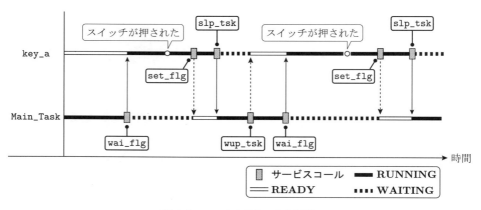

図 4.4 sample1 のシーケンス図

る必要があります．また，タスクの目的によりグループ分けをして，図を分割することも必要になるでしょう．

4.2 コンフィギュレーション

　2.11 節で説明したように，リアルタイム OS のシステムは，個々のシステムごとにカスタマイズされたものです．前節のオブジェクト仕様書で使用するオブジェクトを決めましたが，この仕様にもとづいて OS の最適化をするのがコンフィギュレーションという作業です．

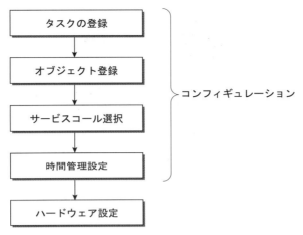

図 4.5　コンフィギュレーションの手順

　コンフィギュレーションの詳細は第 5 章で説明しますが，この節では，どのような作業をするかの概要を説明します．図 4.5 は，コンフィギュレーションの概略の手順です．

4.2.1　タスクの登録

　使用するタスクをあらかじめ登録します．タスクの名称だけでなく，表 4.2 の優先度，タスク生成後の状態（システム起動時の状態），スタックのサイズなども同時に登録するのが普通です．"普通"といったのは，項目によってはシステム起動後にサービスコールで設定できるものもあるからです．

　タスクの本体は，C 言語の関数の形で書かれていて ROM 上に配置されていますが，2.6.5 項で説明したように，それぞれのタスクがスタックとして RAM 領域を使

表 4.2　タスクの設定項目

設定項目	HI7000/4	Smalight OS
ID 番号	○	○
タスクの名称	○	○
生成後の状態	READY または DORMANT	READY または WAITING
優先度	○	（登録順）
タスクの種類	ダイナミックスタックまたはスタティックスタックを使用	プライオリティタスクまたはローテーションタスク
スタックサイズ	○	○

用します．マルチタスクシステムでは，多くのタスクは終了しない（永久ループになっている）ことに注意を払ってください．タスクが RUNNING 状態でサービスコールを発行すると，タスクの実行が中断されてカーネルに制御が移りますが，いままでRUNNING 状態であったタスクのデータは，各タスクのスタックに退避させられます．したがって，C 言語の関数呼び出しとは異なり，スタックはタスクごとに用意する必要があり，タスクを多く使用すると，多くの RAM が必要になります．

4.2.2　タスク以外のオブジェクトの登録

タスク以外にも，同期と通信に使用するイベントフラグ，データキュー，セマフォなどのオブジェクトがありますが，これらもあらかじめシステムに登録しておきます．イベントフラグのクリア指定など，属性が選択できる項目もあるので，コンフィギュレーションの段階で属性を指定します．代表的なオブジェクトの主要な設定項目を表4.3 に示します．

それぞれのオブジェクトは RAM 上に領域がとられるので，RAM の消費量を意識する必要があります．

表4.3　オブジェクトの登録

オブジェクト	設定項目	
	HI7000/4	Smalight OS
イベントフラグ	ID 番号	ID 番号
	OR 待ちまたは AND 待ち	OR 待ちまたは AND 待ち
	待ち解除時のクリア指定	待ち解除時のクリア指定
	複数タスクの待ち許可	―（常に許可）
	初期ビットパターン	―
データキュー	ID 番号	ID 番号
	データ数	データ数
周期ハンドラ	ID 番号	ID 番号
	ハンドラ名称	ハンドラ名称
	起動周期	起動周期
	生成後起動	生成後起動

4.2.3　サービスコールの選択

使用するサービスコールの登録も，コンフィギュレーションの作業の一つです．μITRON では百数十種類のサービスコールが定義されていますが，これらはライ

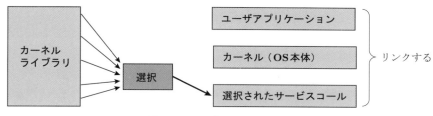

図 4.6 サービスコールの登録

ブラリの形で提供されていて，リンカにより ROM 上に配置されます．そこで，図 4.6 のように使用するサービスコールだけを選んでシステムに組込むことにより，ROM の消費量を削減することができます．

　本書で演習に使用する Smalight OS では，ユーザアプリケーションから呼び出されるサービスコールだけをライブラリから取り出してリンクする仕組みをもっているため，サービスコール選択の必要はありません．

4.2.4 時間管理のための設定

　時間管理の機能は，図 4.7 のように進行します．µITRON，Smalight OS ともに周期ハンドラなどの時間管理機能を使用するためには，コンフィギュレーションで使用する時間管理機能の設定を行い，さらには，システム時刻を更新するためのタイマ割込みハンドラを組込む必要があります．タイマ割込みハンドラは，ハードウェアタイマからの割込み処理関数の形になっています．

　µITRON 仕様の HI7000/4 シリーズでは，使用するマイコンのシリーズごとにタイマ割込みハンドラを含むサンプルタイマドライバが用意されていて，ユーザは使用するマイコンに合わせて選択すればよいようになっています．また，コンフィギュレーションの作業の中で，割込み処理関数とベクタテーブルの関連付けが行われます．

　Smalight OS では，コンフィギュレーションの作業のほかに，ユーザアプリケーションのイニシャライズの中でハードウェアタイマの周期と，タイマ割込みの設定をしなければなりません．ベクタテーブルはコンパイラの拡張機能である #pragma によって生成されるようになっています．

4.2.5 ベクタテーブルと割込みの設定

　タイマ割込みハンドラ以外に割込み処理が必要な場合は，割込み処理関数を作成して，ベクタテーブルに登録します．HI7000/4 シリーズの場合は，コンフィギュ

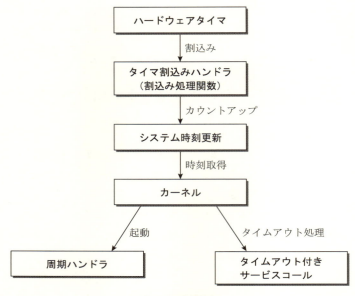

図 4.7 時間管理

レータの設定項目の中に割込み処理関数の登録のステップが用意されていて，ベクタテーブルは自動的に生成されます．Smalight OS では，割込み処理関数を作成して，#pragma rtos_interrupt 指令を使って，disp 有割込みハンドラとして宣言すれば，自動的にベクタテーブルへの登録が行われます．

4.3 ロードモジュールの生成とデバッグの手法

第1章で説明したように，リアルタイム OS の本体とユーザアプリケーションは，一体化してシステムの ROM に書き込みます．この節では，ROM に書き込むロードモジュールを生成するためのビルド作業と，書き込まれたプログラムのデバッグについて説明します．

4.3.1 ロードモジュールの生成

タスクとハンドラは C 言語の関数の形でプログラミングします．また，コンフィギュレーションの結果も，5.2 節で説明するように C 言語の関数とインクルードファイルの形で表現されます．プログラミングとコンフィギュレーションの作業が終わっ

たら，従来方式のプログラムと同様に，ビルド（コンパイル＆リンク）の作業によってロードモジュールを生成します．カーネルの各機能は，ライブラリの形で提供されていて，コンフィギュレーションファイルに書かれた内容により，必要なライブラリがリンクされるようになっています．

　HI7000/4 シリーズ，Smalight OS とも，スケジューラなどの OS 本体やサービスコール，各種の設定ファイルをプロジェクトに登録する必要があります．また，いくつものセクションが発生するので，セクションの設定も複雑になります．そこで，両者ともに統合開発環境でビルドをするために必要な設定が行われたテンプレートが用意されています．そのテンプレートにユーザアプリケーションを追加することで，ビルド作業が行えるようになっています．

4.3.2 　デバッグ

　ビルドで生成されたロードモジュール（.abs ファイル）は，従来方式のソースプログラムから生成されたものと変わるところはありません．したがって，エミュレータを使用して従来方式のプログラムと同様なデバッグを行うことができます．ただし，全体の制御の流れの関係で注意が必要な部分があります．

（1）ブレークポイント

　デバッグ用のブレークポイントは従来方式のプログラムと同様に使うことができます．ただし，ユーザが作ったタスク以外にカーネルのモジュールも実行されるため，ユーザファイル内のブレークポイントに一つもヒットしない場合もあります．

　設定のミスや周期ハンドラ待ちなどでレディキューにタスクがなくなってしまった場合は，idle 状態（カーネルアイドリング）になり，idle 関数に入って永久ループになります．そうなったことは，強制的にブレークしたときにプログラムカウンタが idle 関数の中にあるので，判定できます．idle 関数は smalight-os フォルダにある idle.c に書かれています．

（2）ステップ実行

　ステップ実行では，サービスコールの前後で注意が必要になります．リアルタイム OS を用いない従来方式のプログラムでは，ステップオーバー機能を使うと関数呼び出しを一気に実行してくれますが，サービスコールの場合は制御が OS に渡ってディスパッチが行われるため，ステップオーバーが期待した動作にならないことが多くあります．

（3）サービスコールのチェック

μITRON では，ほとんどのサービスコールがリターンパラメータの中にエラーコードを返し，エラーが発生したときには原因まで教えてくれます．そこで，デバッグ時にはリターンパラメータをグローバル変数にしておき，ブレークした時点で各エラーコードをチェックすることでサービスコールが正しく実行されたかどうかを知ることができます．ただし，グローバル変数を安易に使うのは好ましくないので，デバッグが終了したらローカル変数に変更すべきでしょう．

Smalight OS の場合は，リターンパラメータの役割が異なり，ほとんどのサービスコールはエラーチェックを行いません．また，リターンパラメータを返さないサービスコールも多くあります．たとえば，wai_flg はリターンパラメータを返しますが，マニュアルには「エラーチェックはしない」と書かれています．また，set_flg にはリターンパラメータそのものがありません．結局，サービスコールが正常に実行されたかどうかは，結果を見て判断するしかありません．

4.3.3　デバッギングエクステンション

HI7000/4 シリーズでは，HEW（総合開発環境）の追加機能としてデバッギングエクステンションが用意されています．これは，図 4.8 に示すように，ブレーク時に各タスク・オブジェクトの状態を表示する機能と，実行の履歴をグラフで表示する機能をもっていて，この機能を使うと，設計どおりにタスクが実行されたか，オブジェ

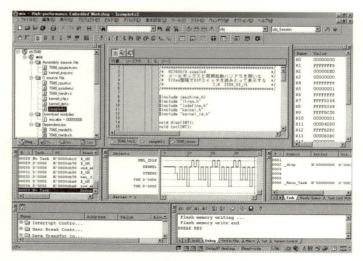

図 4.8　HI7000/4 のデバッギングエクステンション

クトの状態は予想どおりかを確認することができ，デバッグが大変楽になります．

　Smalight OS でも HI7000/4 と同様のデバッギングエクステンションが用意されており，第 5 章以降で扱う RL78 マイコン用の CS+（統合開発環境）の場合，それはパートナー OS 対応デバッグプラグインとよばれています．ルネサスエレクトロニクス社の Web サイトより無償で入手できますので，インストールすれば，サービスコールトレース（実行履歴）を行うことはできませんが，オーバーヘッドなしに各タスク・オブジェクトの状態を表示することが可能となります．

4.3.4　システムリソースの検討

　1.4.4 項でも説明したように，パソコン用の Windows では OS が先にインストールされていて，アプリケーションがあとから追加されるのに対し，リアルタイム OS では必要な機能だけを選び出してユーザのアプリケーションとリンクし，そのシステム専用の OS にカスタマイズして使います．図 4.9 はその様子を示しています．

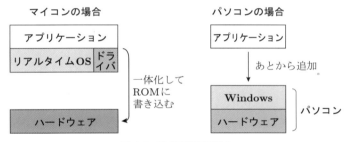

図 4.9　動作環境の違い

　パソコンでは，アプリケーションと OS がハードディスク上にあって，必要なときに RAM に読み込まれて実行されるのに対し，マイコンにおけるリアルタイム OS のシステムでは，アプリケーションも OS も ROM に書き込まれており，そのまま実行されます．また，パソコンでは，スタックを含む RAM 領域は OS に管理されていてユーザが気にする必要がないのに対し，リアルタイム OS のシステムでは，ROM 同様，RAM の必要量をユーザが見積もる必要があります．見積もりの方法の詳細は第 5 章で説明します．

　システムを設計するときには，リンクした結果得られるロードモジュールが，使用予定のマイコンの ROM と RAM に収まるかどうかを確認する必要があります．とくに，RAM の使用量はコンフィギュレーションの内容により大きく変化するので注意してください．

第 **5** 章

演習用の開発環境とコンフィギュレーション

　第6章で簡単なシステムを作って実際にリアルタイム OS を動作させてみます
が，それに先だって，この章では，演習で使用する機材について説明します．ま
た，システムの構成を決定するコンフィギュレーションの実際の作業についても
説明します．

5.1 　開発環境

　本書では，Smalight OS で演習を行います．ルネサスのフルスペックの μITRON
仕様 OS である HI7000/4 シリーズは，OS 自体も高価であり，SuperH マイコンで
ないと動作しないため，演習機材を一式そろえるのに数十万円かかってしまいます．
その点，Smalight OS は，開発環境も含めて比較的安価に入手できる RL78 マイコ
ン上で実行できるため，学校や個人でも機材をそろえやすいと思います．

　この節では，第6章以降の演習で使用する開発用のツールとハードウェアの説明
をします．

5.1.1 　Smalight OS

　第3章で説明しましたように，Smalight OS はルネサス製の μITRON ライクな
リアルタイム OS です．図3.1 で紹介されているとおり，Smalight OS は RL78 マ
イコンだけでなく，各種のマイコン上で動作するものが用意されています．今回は演
習機材の RL78/G14 に合わせて RL78 マイコン用の Smalight OS を使用します．

　購入した Smalight OS をインストールしたフォルダにあるテンプレートを流用し，
リスト 5.1 に示すようなファイル構成に整えます．図中で（ ）が付いているのはフォ
ルダです．

▼リスト5.1 Smalight OS のファイル構成

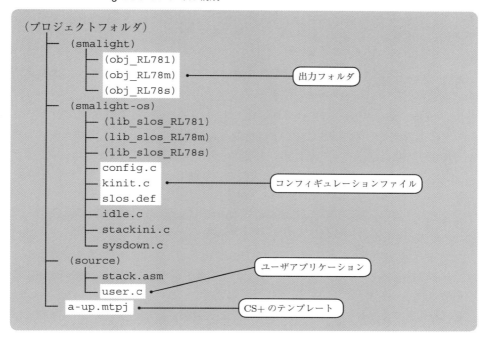

ユーザファイルは source フォルダに作りますが，提供されている user.c に追加する形で作るのがよいでしょう．また，CS+ でビルドしたオブジェクトファイル，ロードモジュールは smalight フォルダにある obj_RL78l, obj_RL78m, obj_RL78s の三つのフォルダのどれかに作られます．三つの内のどこに作られるかは，CS+ のビルド・オプションであるビルド・モードに依存しますが，デフォルトのまま使用すれば obj_RL78m に作られます．

5.1.2　CS+

CS+ は，ルネサス製の統合開発環境です．Smalight OS はライブラリの形で提供され，ユーザファイルと一緒にビルドすることによりシステムが構成されます．また，CS+ でシステムを構成するためのオプションが設定されたテンプレートが u-ap.mtpj として提供されています．CS+ の詳しい使い方や Smalight OS のテンプレートの流用方法については付録を見てください．

CS+ で Smalight OS 用の新しいプロジェクトを作成したら，プロジェクト名を付けた新しいフォルダに Smalight OS のライブラリ一式をコピーし，"プロジェク

ト名 .mtpj" をダブルクリックして CS+ を開きます．その後，5.2 節で説明する手順でコンフィギュレーションを行い，提供されているサンプルに含まれる user.c にユーザアプリケーションを書き込みます．

5.1.3　E1 エミュレータ

RL78/G14 は，オンチップデバッガの E1 エミュレータが使用できます．E1 エミュレータによるデバッグの方法については付録を見てください．とくに，このエミュレータを使用する場合は，ビルド時にオンチップ・デバッグのオプションとユーザ・オプション・バイトを設定する必要がありますので，付録でその内容を確認してください．

5.1.4　マイコンボードと制御対象

今回の演習で使用するルネサス製の RL78/G14 マイコンはローコストマイコンです．比較的高性能の CPU をもっていますが，コストダウンのため内蔵機能と端子数が削減されています．

今回は E1 エミュレータでデバッグすることを前提にしていますので，E1 用のインタフェースコネクタをもつサンハヤト製のマイコンボード MT-RL78 を使用しています．ほかに北斗電子からも同様なマイコンボードが発売されています．

マイコンで制御する対象として，図5.1 のような 8 個の青色 LED，2 個の 7 セグメント LED，2 個のプッシュスイッチ，A/D 変換器に接続されたボリュームを搭載しています．ポートや A/D 変換器の割り付けについては付録を見てください．

このボードを使用するためのハードウェアのイニシャライズはリスト 5.2 のようになります．

図 5.1　I/O 演習ボードの写真
［写真はサンハヤト株式会社製 MT-RL78］

▼リスト 5.2　I/O 演習ボードのための I/O ポートイニシャライズ

```
/* ポートのイニシャライズ */
    P1   = 0xFE;              /* LED0〜LED7を消灯に設定              */
    PM1  = 0x00;              /* LED0〜LED7接続のポート1を出力に設定  */
    PM7  = 0x00;              /* セグメントライン接続のポート7を出力に設定 */
    P5   = 0x30;              /* 7セグメントLEDを消灯に設定          */
    PM5  = 0xCF;              /* 7セグメントLED接続のポート5を出力に設定 */
/* A/D変換器のイニシャライズ */
    ADCEN = 1;               /* A/D変換器にクロックを供給          */
    ADS   = 0x12;            /* ANI18を選択                        */
    ADM2  = 0x01;            /* 8ビット分解能を選択                 */
    ADM0  = 0xA3;            /* セレクトモードでA/D変換を開始        */
```

5.2　Smalight OS のコンフィギュレーション

　4.2 節でも触れましたが，システムの構成を決めるのがコンフィギュレーションという作業です．Smalight OS では，システムの構成は config.c，kinit.c，slos.def の三つのファイルに記述されます．

　この節では，演習で使用する Smalight OS のコンフィギュレーション作業の具体的な内容を説明します．

5.2.1　タスクの登録

　Smalight OS では，使用するタスクは config.c というファイルに登録します．リスト 5.3 は第 6 章で説明する sample3 の config.c の中にあるタスクの設定に関係する部分です．タスクについて設定する項目は以下のとおりです．

（1）タスクの総数と，そのうちのプライオリティタスクの数

（2）各タスクのスタックサイズ

（3）各タスクの名称

（4）各タスクの初期状態（READY または WAITING）

　そのほかにタスクとスタックのアドレスをカーネルに知らせるための変数の設定がありますが，詳細はリスト 5.3 を見てください．

▼リスト5.3　config.c の設定（一部分）

```
/*------ TCB Number -----------------------------------------*/
#define KNL_TCB_NUM          2
#ifdef KNL_BB_PRIORITY
#define KNL_TCB_PRI_NUM      2
#endif


/*------ TCB Stack Size -------------------------------------*/
#define TCB1_SIZE            0x120u
#define TCB2_SIZE            0x120u

#pragma section ustack
W tcb_stack1[(TCB1_SIZE/sizeof(W))];
W tcb_stack2[(TCB2_SIZE/sizeof(W))];

#pragma section smalightos
/*------ TCB Stack addr -------------------------------------*/
const TCBSP knl_tcbSpInit[KNL_TCB_NUM] = {
    { &tcb_stack1[TCB1_SIZE/sizeof(W)] }          /* TCB1  */
    { &tcb_stack2[TCB2_SIZE/sizeof(W)] }          /* TCB2  */
};


/*------ TCB Start addr Init --------------------------------*/
/*** Refer to exterior ***/
        extern void Main_Task(void);              /* TCB1   */
        extern void Led_Task(void);               /* TCB2   */
/*** Table for start addr init ***/

const TCBADDR knl_tcbAddrInit[KNL_TCB_NUM] = {
    { Main_Task },                                /* TCB1   */
    { Led_Task  },                                /* TCB2   */
};


/*------ TCB Status Init ------------------------------------*/
/*
 * Task status Init : CTCB_ST_RDY | CTCB_ST_SLP | ...
 *                    ("slos.h" Refer to for details.)
 */
const UB knl_tcbStInit[KNL_TCB_NUM] = {
    CTCB_ST_RDY,                                  /* TCB1   */
    CTCB_ST_RDY,                                  /* TCB2   */
};
```

タスクの総数とプライオリティタスクの数を設定する

各タスクのスタックサイズを設定する（u は unsigned を表す接尾語）

上で設定したサイズの変数を配列として定義する

各タスクのスタックのアドレスをカーネルに知らせる

各タスクの先頭アドレスをカーネルに知らせる

各タスクの初期状態を設定する

5.2.2　タスク以外のオブジェクトの登録

　タスク以外の同期と通信に使用するイベントフラグ，データキュー，セマフォなどのオブジェクトも config.c に登録します．リスト 5.4 は，config.c のタスク以外の設定を行っている部分です．

▼リスト5.4　config.c の設定（続き）

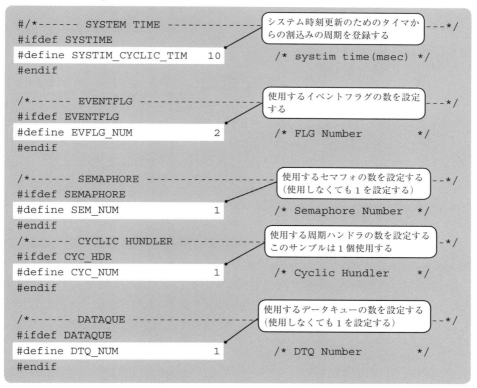

```
#/*------ SYSTEM TIME ------                         ---*/
#ifdef SYSTIME
#define SYSTIM_CYCLIC_TIM    10        /* systim time(msec) */
#endif


/*------ EVENTFLG ------                             ---*/
#ifdef EVENTFLG
#define EVFLG_NUM            2         /* FLG Number        */
#endif


/*------ SEMAPHORE ------                            ---*/
#ifdef SEMAPHORE
#define SEM_NUM              1         /* Semaphore Number  */
#endif
/*------ CYCLIC HUNDLER ------                       --*/
#ifdef CYC_HDR
#define CYC_NUM              1         /* Cyclic Hundler    */
#endif


/*------ DATAQUE ------                              --*/
#ifdef DATAQUE
#define DTQ_NUM              1         /* DTQ Number        */
#endif
```

- システム時刻更新のためのタイマからの割込みの周期を登録する
- 使用するイベントフラグの数を設定する
- 使用するセマフォの数を設定する（使用しなくても1を設定する）
- 使用する周期ハンドラの数を設定する　このサンプルは1個使用する
- 使用するデータキューの数を設定する（使用しなくても1を設定する）

　タスク以外のオブジェクトは，config.c では使用する数だけを登録しておいて，kinit 関数の中でイニシャライズを行います．イベントフラグのクリア指定など，属性の設定も kinit 関数に記述します．リスト 5.5 は sample3 の kinit.c の主要部分です．周期ハンドラも使用する数は config.c に登録し，起動周期などの設定は kinit.c に行います．

　kinit 関数は，システムが起動すると最初に実行される関数です．ただし，この部分はシステム状態が「システム初期化部」であり，「タスク部」ではないため，イニシャライズ関係以外のサービスコールは発行できません．

▼リスト 5.5　sample3 の kinit 関数（主要部分）

```
/* -------- cyclic handler -------- */
 extern void cyc(UB cid);


/*********************************/
/*** kernel resource init      ***/
/*********************************/
void kinit(void)
{
    /* systime initialize         */     ┌─ システム時刻の初期化をする
        systim_init();  ──────────────────┘

    /* event flag initialize       */    ┌─ イベントフラグの初期化をする．ここでは
        evtflg_init();  ──────────────────┤  二つとも OR 待ちで，かつクリア指定あり
        EVTFLG_ATTR((UB)1,(EVFLG_TA_OR + EVFLG_TA_CLR + EVFLG_TA_TPRI));
        EVTFLG_ATTR((UB)2,(EVFLG_TA_OR + EVFLG_TA_CLR + EVFLG_TA_TPRI));

    /* cyclic handler initialize   */     ┌─ 周期ハンドラの初期化をする
        cyc_init();                       │  100ms ごとに cyc が起動する
        CYC_ATTR((UB)1u, (CYC_TA_NON), cyc, 100L); ←┘
}
```

5.2.3　その他の設定

　以上の設定のほかに，使用するオブジェクトをリンカに知らせるための情報を slos.def ファイルに記述します．実際の設定は，リスト 5.6 に示すように提供されているサンプルファイルであり，必要な部分のコメントをはずす形で行います．

▼リスト 5.6　slos.def ファイルの書き換え部分

```
/*------ configuration define ------------------*/
   #define EVENTFLG
/* #define SEMAPHORE */
   #define SYSTIME          ┌─ 必要な機能のコメントをはずす
   #define CYC_HDR  ────────┘
/* #define DATAQUE */
```

　config.c でとくに注意を要するのは，タスク用のスタックサイズの設定です．RL78 マイコンの小容量の RAM に収まるように，必要量をきちんと計算して設定する必要があります．詳しくは 5.3 節で説明します．

5.2.4 システム時刻の更新

　周期ハンドラなどの時間管理の基本はシステム時刻です．システム時刻を更新するには，マイコンに内蔵されているハードウェアタイマを使います．タイマから一定周期の割込みを発生させ，割込みハンドラの中でシステム時刻をカウントアップするサービスコール slos_cyclic_timer を発行します．

（1）intTim 関数

　システム時刻を更新するためのタイマ割込みハンドラは，リスト 5.7 に示すようなサンプルがマニュアルに記載されています．この intTim タイマ割込みハンドラを特定のハードウェアタイマの割込み関数として登録します．それが #pragma rtos_interrupt のプリプロセッサ命令です．リスト 5.7 の例では，インターバル・タイマの INTIT 割込み要因に対応した割込みハンドラとして登録しています．あとはコンフィギュレーションでタイマ割込みの周期を ms 単位で登録するだけでシステム時刻を更新できます．ただし，別途（2）で説明するハードウェアタイマの割込みの設定を行う必要があります．

▼リスト 5.7　intTim タイマ割込みハンドラの記述例

```
#pragma rtos_interrupt INTIT intTim
__rtos_interrupt void intTim(void)
{
        slos_cyclic_timer( );          /* 周期タイマ処理をコール */
}
```

（2）ハードウェアの設定

　μITRON 仕様の OS である HI7000/4 シリーズでは，サンプルタイマドライバの中にマイコンのシリーズごとのハードウェアタイマの設定が用意されています．しかし，Smalight OS ではタイマ割込みハンドラ（intTim）しか用意されていませんので，ハードウェアタイマは自分で設定する必要があります．リスト 5.8 に RL78/G14 のインターバル・タイマを使う場合のハードウェアの設定を示します．これは，user.c の先頭にある uinit 関数の中に記述します．uinit 関数はシステムの初期化処理の最後に実行される関数であり，リスト 5.2 やリスト 5.8 のようなハードウェアの初期化処理が必要な場合は，この中に記述します．

　リスト 5.8 に示したインターバル・タイマの設定は，RL78/G14 以外でも RL78 シ

▼リスト5.8　システムクロックのためのインターバル・タイマの設定

```
/* タイマのイニシャライズ */
OSMC |= 0x10;               /* 15 kHzの低速オンチップ・オシレータ・クロックを選択 */
RTCEN = 1;                    /* インターバル・タイマにクロックを供給        */
ITMK = 0;                     /* インターバル・タイマの割込みを許可          */
ITPR1 = 0;                    /* インターバル・タイマの割込みレベルを1に設定 */
ITMC = 0x8000 + 15000/10-1;  /* 100 ms周期でインターバル・タイマをスタート   */
```

リーズであれば，このまま使えます．ただし，インターバル・タイマをほかの用途に
利用するのであれば，ほかのタイマに書き換えてください．

5.3　システムリソース

パソコン用の Windows では OS が先にインストールされていて，アプリケーショ
ンがあとから加えられるのに対し，リアルタイム OS では必要な機能だけを選び出し
てユーザのアプリケーションとリンクし，そのシステム専用の OS にカスタマイズし
て使います．

システムを設計するときには，ビルドした結果得られるロードモジュールが，使用
予定のマイコンの ROM と RAM に収まるかどうか確認する必要があります．とくに，
RAM の使用量はコンフィギュレーションの内容により大きく変化するので注意して
ください．

リアルタイム OS のシステムは，従来方式のプログラムよりも ROM と RAM を
多く必要とします．この節では ROM と RAM の必要量について見ていきます．

5.3.1　ビルド結果によるメモリ消費量の確認

CS+ に内蔵されているリンカは，ビルドして出来上がったロードモジュールに
ついて，メモリ上のアドレス情報を記録したマップファイルを出力します（拡張子
は map）．RL78 用の Smalight OS の場合は，ビルド・モードに合わせた lib_slos_
RL78l, lib_slos_RL78m, lib_slos_RL78s の三つのフォルダのどれかにマップファイ
ルが出力されています．マップファイルには，リスト5.9のようにロードモジュール
内の各モジュールのアドレスとサイズが表示されています．

まず，このマップファイルを見て，使用しているマイコンの ROM と RAM の領

▼リスト5.9　マップファイルに出力されたアドレス情報

```
*** Memory map ***

  SPACE=REGULAR

  MEMORY=ROM
      OUTPUT      INPUT       INPUT       BASE        SIZE
      SEGMENT     SEGMENT     MODULE      ADDRESS
      @@VECT00                            00000H      00002H    CSEG AT
                  @@VECT00    @cstart     00000H      00002H
      @@VECT38                            00038H      00002H    CSEG AT
                  @@VECT38    user        00038H      00002H
      @@LCODE                             000D8H      0018AH    CSEG BASE
      @@CODE                              00262H      0012BH    CSEG BASE
      @@BASE                              0038DH      0002FH    CSEG BASE
      @@SmaP                              003BCH      014A3H    CSEG BASE
      @@SmaPL                             0185FH      00238H    CSEG
      @@LCODEL                            01A97H      0007AH    CSEG

  MEMORY=RAM
      OUTPUT      INPUT       INPUT       BASE        SIZE
      SEGMENT     SEGMENT     MODULE      ADDRESS
      @@DATA                              F9F00H      000BAH    DSEG BASEP
                  @@DATA      @cstart     F9F00H      000BAH
      @@SmaB                              F9FBAH      001D8H    DSEG BASEP
                  @@SmaB      config      F9FBAH      001CCH
                  @@SmaB      KLC_MAIN    FA186H      0000CH
      @@ossB                              FA192H      00120H    DSEG
                  @@ossB      STACK       FA192H      00120H
      @@intsB                             FA2B2H      00180H    DSEG
                  @@intsB     STACK       FA2B2H      00180H
```

域に収まっているかどうかをチェックします．I/O 演習ボードの RL78/G14 に内蔵
されている ROM と RAM は，それぞれ 256 キロバイト，24 キロバイトです．リ
スト 5.9 は第 6 章の sample5 のマップファイルの例ですが，ROM は 6929 バイ
ト（01A97H ＋ 0007AH － 00000H バイト），RAM は 1330 バイト（FA2B2H ＋
00180H － F9F00H バイト）消費していることがわかります．

　一般に，リンカは，ハードウェアが用意している ROM と RAM の容量は考慮し
ませんが，CS+ のリンカには容量のチェック機能が搭載されています．したがって，
RL78 の場合は，マップファイルで ROM と RAM の容量を確認する必要がないでしょ

う．不足すればエラーメッセージが表示されますので，そのときにメモリ容量を確認
してください．

5.3.2 スタックサイズの設定

リアルタイム OS を用いない従来方式のプログラムでは，各関数が共通で使用する
スタックが一つだけ用意されます．それに対しマルチタスクシステムでは，各タスク
が同時進行するために，タスクごとに専用のスタックが必要になり，従来方式より
RAM の消費量が多くなります．タスクごとのスタックは，タスク自身が起動される
ときやサービスコールを発行するとき，データの退避に使われます．

もし，実行時にスタックが不足すると，タスク内でサービスコールを発行してスタッ
クにデータが退避された時点で，ほかのエリアを書き換えてしまいます．そこで，ほ
かのタスクやカーネルの動作に異常が起きて，予想外の動作になることがあります．
筆者が実験したときに，あるタスクのスタックが不足していることに気付かずに実行
したところ，何もエラーがないにもかかわらず，set_flg を発行してもフラグが設定
されないという現象が発生しました．データ退避でスタックエリアがオーバーフロー
して，カーネルのワークエリアを破壊したと考えられます．

今回使用する I/O 演習ボードに搭載されている RL78/G14 の内蔵 RAM は 24 キ
ロバイトです．この容量に納めるためにはていねいな設定が必要です．

リスト 5.3 で説明したコンフィギュレーションの例では，タスクのスタックサイズ
は提供されたサンプルのままで 0x120 になっています．使用できるタスクを増やす
には，各タスクのスタックサイズの設定を最小値に押さえる必要があります．以下に，
スタックサイズの決め方を説明します．

タスクのスタックサイズ最小値はマニュアルによると 116（0x74）バイトです
が，この値はサービスコールの発行と disp 有割込みハンドラの実行に必要な量であ
り，この数値にタスク起動時のレジスタの退避，ローカル変数の宣言分などを加えた
ものがタスクごとのスタックサイズです．最小値の 116 バイトに加えなければなら
ない値については，コンパイラ付属のツールであるスタック見積もりツール（Stack
Usage Tracer）で調べることができます．図 5.2 と図 5.3 は，スタック見積もりツー
ルで sample5 の Main_Task と alarm タスクのスタックサイズを表示した例です．
この情報をもとにして，リスト 5.10 の config.c に記述する数値を決めます．

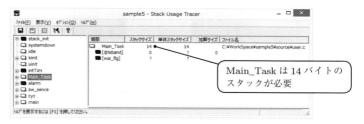

図 5.2　Main_Task のスタック見積もり結果

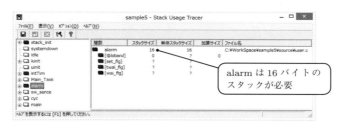

図 5.3　alarm タスクのスタック見積もり結果

▼リスト 5.10　config.c のスタックサイズ設定

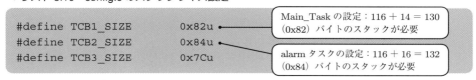

```
#define TCB1_SIZE        0x82u          Main_Task の設定：116 + 14 = 130
                                        （0x82）バイトのスタックが必要
#define TCB2_SIZE        0x84u
                                        alarm タスクの設定：116 + 16 = 132
#define TCB3_SIZE        0x7Cu          （0x84）バイトのスタックが必要
```

5.4　コンフィギュレータ

　5.2 節でコンフィギュレーションの方法を説明しましたが，いくつかのファイルに散らばっているソースファイルを書き換える必要があります．これはやっかいで，かつ間違いが発生しやすい作業です．そこで Smalight OS の新しいバージョンでは，GUI を使って，各種のコンフィギュレーションを一括して行えるツール（コンフィギュレータ）が提供されました．この節では，Smalight OS 用のコンフィギュレータの概要と使い方について説明します．

5.4.1　コンフィギュレータの役割

　Smalight OS のコンフィギュレータは，使用するタスク，イベントフラグやデー

タキューなどのオブジェクト，周期ハンドラを GUI 上で設定すると，自動的にシステムの構成を記述するファイルを書き換えてくれます．オブジェクトの登録を行う config.c，オブジェクトの初期設定を行う kinit.c，コンパイラのオプションを設定する slos.def が対象です．

μITRON 仕様の HI7000/4 シリーズでは以前からコンフィギュレータが提供されていましたが，Smalight OS 用もよく似ていて，図5.4 の画面から始まります．

図 5.4　コンフィギュレータのスタート画面

　左側のメニューで設定項目を選び，右側のウィンドウ内で設定を行います．HI7000/4 シリーズのコンフィギュレータと大きく異なるのは，GUI 上で設定したデータを保存する機能はなく，すでに存在する三つの設定ファイルを読み込んできて内容を表示し，表示された設定を書き換えて設定ファイルに書き戻す形でコンフィギュレーションが進行することです．

5.4.2　コンフィギュレータの使い方

　コンフィギュレータは直感的に使いこなせるように作られています．ここでは，おもな項目だけ説明します．

　最初に，すでに設定されている三つのファイルを読み込みます．はじめて使用する場合は，smalight-os フォルダに用意されている仮ファイルを読み込みます．すでに作られているシステムを変更・改造する場合は，設定済みのファイルを読み込みます．

（1）タスク

　最初に，図5.5に示す画面の上の部分に使用するタスクの数，そのうちのプライオリティタスクの数を設定します．仮ファイルではタスクが三つ（うちプライオリティタスク一つ）に仮設定されています．この数値は必ず設定しなおしてください．user.c のタスク数と異なると，リンカのエラーになります．

　つぎに，画面下側のウィンドウ内で各タスクの設定を行います．ウィンドウ内には，設定したタスク数に応じたタスクが tsk001 などの名前で仮設定されています．ウィンドウに表示されたタスクをダブルクリックすると，図5.5のように変更画面が表示されますので，その画面上で必要な変更を行います．設定する項目は，タスクの名称（関数名），スタート時の状態（READY か WAITING），スタックサイズです．

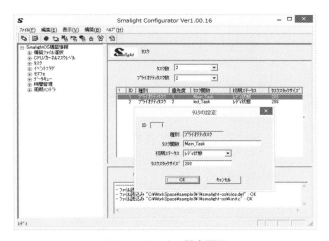

図5.5　タスクの設定画面

　5.3.2 項でも説明しましたが，タスクの設定では，スタックサイズの設定に注意が必要です．仮ファイルではスタックサイズには 288（0x120）があらかじめ設定されていますので，タスクの内容により数値を設定しなおす必要があります．なお，最新バージョンでは修正されているかもしれませんが，Ver1.00.16 ではスタックサイズの設定値は4の倍数でないとエラーになってしまいます．RL78 マイコンには，そのような制約はないのですが，エラーとなった場合は2バイト加算した値を設定してください．

（2）イベントフラグ

　イベントフラグは図5.6の画面のように，使用するイベントフラグの個数と，イベントフラグごとに OR 待ちか AND 待ちかの属性を指定します．クリア指定も，ここで設定します．

図5.6　イベントフラグの設定画面

（3）時間管理機能の設定

図5.7の画面では，"時間管理機能を使用する"にチェックを入れます．また，"周期タイマハンドラの周期時間"にハードウェアタイマからの割込みの周期を設定します．

時間管理機能を使うためには，5.2.4項で説明したようにコンフィギュレータの作業のほかに，指定したハードウェアタイマから割込みを発生させるための初期化処理とタイマ割込みハンドラが必要です．

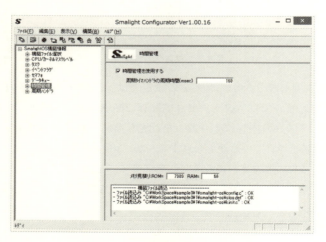

図5.7　時間管理の設定画面

（4）周期ハンドラ

　周期ハンドラを使用する場合は，図 5.8 の画面で使用する周期ハンドラの個数，起動周期を設定します．そのほかにオプションとして，システムがスタートするときに起動するかどうかを指定できます．

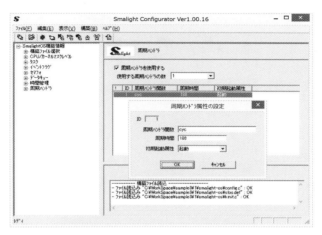

図 5.8　周期ハンドラの設定画面

（5）データキューの設定

　図 5.9 のデータキューの設定画面では，使用する個数，それぞれの ID ごとに収納できるデータ数を設定します．データ数は最大 127 ですが，必要な最小値に設定すればメモリの節約になります．

図 5.9　データキューの設定画面

　ここまでの設定が終わったら，図 5.10 の構築メニューで「構築」の操作を行います．この操作によって，最初に読み込んだ三つのファイルが新しい設定に従って書き換えられます．

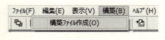

図 5.10　構築メニュー

第 6 章

サービスコールによるスケジューリングの実際

　この章では，Smalight OS を使ったいくつかのサンプルシステムを動かして
みて，スケジューリングの基本とサービスコールによるオブジェクトの使い方を
学びます．2.6 節で説明したタスクのスケジューリングの動作を見るために，簡
単なシステムを作って動作させてみましょう．

6.1　　基本的なスケジューリング

　この節では，スケジューリングとタスクがとる状態について復習します．マルチタ
スクシステムでは，タスクが RUNNING，READY，WAITING の三つの状態が
作る三角形を回りながら実行されることを思い出してください．

6.1.1　　タスクの三つの状態

　タスクは第 2 章で説明したようにいくつかの状態をとります．その中で，タスクは
おもに図 6.1 に示す RUNNING（実行状態），READY（実行可能状態），WAITING（待
ち状態）の三つの状態が切り替えられて実行されます．これは μITRON，Smalight
OS に共通しています．
　実際に CPU 上で実行されているのは RUNNING 状態のタスクですが，READY
状態のタスクはマルチタスク処理により同時に実行されているように見えます．タス
クの状態を切り替えるのは，カーネルの中にあるスケジューラの役目です．

図 6.1　タスクの三つの状態

　Smalight OS ではプライオリティタスクとローテーションタスクという2種類のタスクがあります．プライオリティタスクの場合は図6.1のようにおもに READY → RUNNING → WAITING を右回りに回りながらシステムが進行します．一方，ローテーションタスクの場合はおもに READY と RUNNING の間を往復します．2種類のタスクの違いは6.2.3項で説明します．

6.1.2　マルチタスク状態

　マルチタスク状態にあるタスクは RUNNING と READY にあるタスクです．この中で実際に CPU 上で実行されているのは RUNNING にあるタスク一つだけです．WAITING のタスクは何かの条件待ちで休んでいる状態で，待ち条件が満たされると，READY に移行してマルチタスクに参加します．

6.1.3　タスクの初期状態

　図6.1の三角形でタスクを実行するためには，まずタスクを READY または WAITING にする必要があります．5.2.1項で説明したように，コンフィギュレーションによってタスクを登録しますので，そのときにタスクの初期状態を設定します．なお，μITRON では，この三角形に参加するときは必ず READY からスタートしますが，Smalight OS では，初期設定により WAITING からスタートすることも可能です．

6.2　スケジューリングの基本形

　この節では，作成したシステムで，タスクの状態がどのように変化していくかを説明します．最初は二つのローテーションタスクを用意して，slp_tsk と wup_tsk の組み合わせで二つのタスク間を往復するシステムを作ってみましょう．

6.2.1　slp_tsk と wup_tsk によるスケジューリング

　sample1 は，slp_tsk サービスコールを発行して WAITING に入ったタスクを，ほかのタスクが wup_tsk サービスコールで READY に移行させる（起床させる）システムです．イベントフラグによる待ちと待ち解除も使用しています．

　最初は I/O 演習ボード上に8個ある青色 LED の端の1個が点灯していて，ボード

上のプッシュスイッチを押すたびに青色 LED の点灯位置が一つずつシフトしていきます．ただし，7 回シフトしたあとの 8 回目には最初の位置にもどり，またシフトを続けます．

　スイッチが押されたことを検出するタスク key_A と LED の点灯を更新するタスク Main_Task を用いますが，プッシュスイッチを押すたびに二つのタスク間を往復する構成です．

　図 6.2 に sample1 のタスクのコンフィギュレーションを示します．これは，第 5 章で説明したコンフィギュレータにおけるタスクの登録画面です．

図 6.2　ローテーションタスクの登録画面

（1）　システムがスタートした直後は図 6.3 のように二つのタスクがコンフィギュレーションで登録された順にレディキューにつながれていますが，カーネルはただちに優先順位がもっとも高いタスクを READY から RUNNING に移行します．ここではローテーションタスクなので，先に登録されている Main_Task のほうが優先順位（優先度ではない）が高く，先に RUNNING に移行して図 6.4 の状態になります．

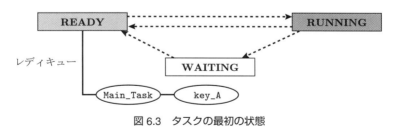

図 6.3　タスクの最初の状態

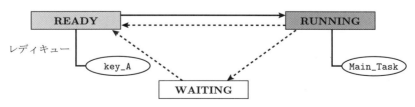

図 6.4　Main_Task が RUNNING へ

なお，2.6.2 項に書かれているとおり，RUNNING に移行したタスクはレディキューの先頭に残っています．WAITING に移行するときに，はじめてレディキューからはずされるのが本当の動作ですが，ここでは動作をわかりやすくするために，RUNNING に移行した時点でレディキューからはずして表現しています．

(2)　最初は LED 表示タスク Main_Task が RUNNING にいますが，図 6.5 に示すようにすぐに wai_flg を発行してフラグ待ちの状態で WAITING に遷移します．その結果，RUNNING が空席になるので，READY にいたスイッチ検出タスク key_A が RUNNING に移行して図 6.6 の状態になります．

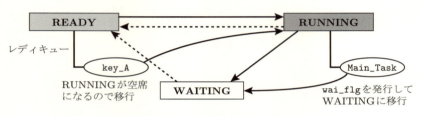

図 6.5　Main_Task が WAITING へ

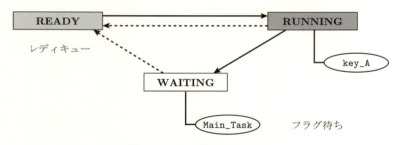

図 6.6　key_A が RUNNING へ

(3)　key_A はスイッチが押されたのを検出すると，図 6.7 のように set_flg を発行して，Main_Task の待ちを解除して READY に移行させます．その後，図 6.8 に示すように，slp_tsk を発行して自分自身を WAITING に遷移させるので，Main_Task が RUNNING に移行します．

(4)　Main_Task は LED の表示位置を 1 ビットシフトする機能をもっていて，青色 LED の点灯位置が隣に移動します．表示を更新後，図 6.9 に示すように wup_tsk を発行して，key_A を WAITING から READY に移行させます．

(5)　これで図 6.4 の状態に戻りました．このあと，Main_Task は wai_flg を発行して，フラグ待ちの状態で WAITING に遷移します．

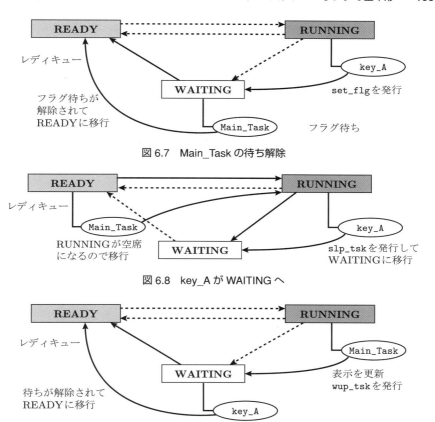

図 6.7 Main_Task の待ち解除

図 6.8 key_A が WAITING へ

図 6.9 key_A の待ち解除

6.2.2 sample 1 のシーケンス図

　以後は同じ動作を繰り返しますが，図 6.10 は，以上に説明したタスクの切り替え
の様子を横軸に時間の経過をとって表したシーケンス図です.

　二つのタスクが実際にどのように書かれているかをリスト 6.1 とリスト 6.2 に示
します. タスクは C 言語の関数の形をしていますが，各タスクは永久ループにして
終了しないようにします. C 言語の関数と異なり，タスクごとに専用のスタック領
域をもっていて，RUNNING から離れるときには自動的にデータが退避され，ロー
カル変数は消滅しません. Smalight OS では，タスクが終了してしまうと意味の
ないデータがスタックから取り出されてしまい，システムの動作が保証されません
（μITRON では，タスクを終了させると，自動的に ext_tsk というサービスコールが
発行されて，タスクが休止状態になります）.

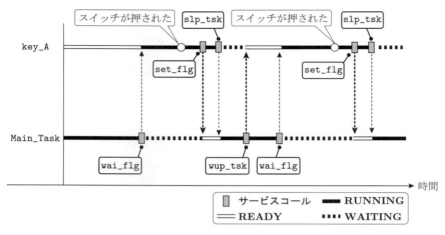

図 6.10 sample1 のシーケンス図

▼リスト 6.1 タスク Main_Task

```
void Main_Task(void)                    /* ローテーションタスク */
{
W ercd;
    while( 1 )  {
        ercd = wai_flg( 1, 0x0001 );
        if( P1 == 0x7F )                /* 点灯位置が左端か？    */
            P1 = 0xFE;                  /* 点灯位置を右端に戻す */
        else
            P1 = ~(~P1<<1);             /* 点灯位置を左にシフト */
        wup_tsk( 2 );                   /* key_A に切り替える    */
    }
}
```

▼リスト 6.2 タスク key_A

```
void key_A(void)                            /* ローテーションタスク    */
{
W ercd;
unsigned int i;
    while( 1 )  {
        if( P13_bit.no7 == 0 )  {
            set_flg( 1, 0x0001 );
            while( P13.7 == 0 )  ;          /* スイッチが離されるのを待つ */
            for( i=0 ; i<10000; i++ ) ;     /* チャタリング対策        */
```

```
        ercd = slp_tsk( );                 /* Main_Task に切り替える */
        }
    }
}
```

注：チャタリングはスイッチの接点が振動して不要な信号を発生する現象で，7.5.3 項で詳しく説明します．

6.2.3 プライオリティタスクとローテーションタスク

　ここではタスクの三つの状態を見るために wai_flg と slp_tsk を使って強制的に WAITING の状態にしていますが，ローテーションタスクは WAITING に入らないラウンドロビンスケジューリングで使うのが一般的です．ラウンドロビンスケジューリングは，あとで出てくる rot_rdq で実現でき，このサービスコールを使用すると，タスクは READY と RUNNING を往復しながら動作します．別のいい方をすれば，READY にあるタスクの優先順位を入れ替えて RUNNING のタスクを切り替えるのが rot_rdq です．

▼リスト 6.3　sample1 をプライオリティタスクにした場合

```
void Main_Task(void)                       /* プライオリティタスク    */
{
W ercd;
    while( 1 )  {
        ercd = wai_flg( 1, 0x0001 );       /* WAITING 状態に移行      */
        if( P1 == 0x7F )                   /* 点灯位置が左端か？      */
            P1 = 0xFE;                     /* 点灯位置を右端に戻す    */
        else
            P1 = ~(~P1<<1);                /* 点灯位置を左にシフト    */
    }
}


void key_A(void)                           /* プライオリティタスク    */
{
unsigned int i;
    while( 1 )  {
        if( P13_bit.no7 == 0 )  {
            set_flg( 1, 0x0001 );
            while( P13.7 == 0 )  ;         /* スイッチが離されるのを待つ */
            for( i=0 ; i<10000; i++ ) ;    /* チャタリング対策        */
        }
    }
}
```

> このサービスコールで Main_Task の待ちを解除すると，ただちに Main_Task が RUNNING に移行する

　二つのタスクをローテーションタスクではなく，リスト6.3のようにプライオリティタスクにすることもできます（タスクのコンフィギュレーションは図6.11のように変更します）．この場合は，先に登録されているMain_Taskのほうが優先度が上位になり，図6.7でMain_Taskの待ちを解除した時点で，key_Aがslp_tskを発行しなくてもMain_TaskがRUNNINGになります．

図6.11　プライオリティタスクの登録画面

6.3　時間管理機能

　組込みシステムでは，一定時間間隔で何かをしたいという場合がよくあります．この節では，そのための時間管理の機能を実験してみましょう．

　sample1では，I/O演習ボードのプッシュスイッチを押すたびに青色LEDの点灯位置がシフトしましたが，sample2では，一定時間間隔を作る周期ハンドラを用いて，500 ms間隔で自動的にLEDの点灯位置をシフトしていく動作をします．

6.3.1　周期ハンドラの仕組み

　2.9節で説明されているように，μITRONには周期ハンドラという機能が用意されていますが，ここでは周期ハンドラの動作を理解するために，まずタスクで一定時間間隔を作ってみます．リスト6.4は500 ms間隔でイベントフラグをセットするSmalight OS用のタスクです．

　5.2.4項で説明した手順に従ってシステム時刻を更新する仕組みを作っておくと，get_timサービスコールでシステム時刻を得ることができます．システム時刻用のカウンタは1 msの刻みになっているので，リスト6.4のタスクでは，システム時刻を読んできてタスク内の初期値と比較し，差が500を超えたら500 ms経過したと判断してフラグを立てています．また，タスク内の初期値をそのときの値にセットしなおします．このタスクは，ほかのタスクが実行されていないときには，常にRUNNINGになるように設定します．

▼リスト 6.4　周期ハンドラライクなタスク

```
void cyc_dummy(void)
{
SYSTIM tim;
W dtime, time0=0;                    /* W means signed long */
    while( 1 )  {
        get_tim( &tim );
        dtime = tim.ltim - time0;
        if( dtime > 500 )  {
            time0 = tim.ltim;
            set_flg( 1, 0x0001 );
        }
    }
}
```

> システム時刻を読んできて初期値と比較する

> 比較結果が 500 ms を超えたらイベントフラグをセットする

> 初期値の書き換え

6.3.2　周期ハンドラを使ってみる

　Smalight OS でも新しいバージョンでは周期ハンドラがサポートされましたが，リスト 6.4 のタスクの「システム時刻を読んできて 1 回前と比較する」部分をカーネルにまかせることになります.

　ハンドラというのは，割込み処理に似ていて，条件が整うとカーネルから直接起動されて，終了するとカーネルに戻ります. この場合は 500 ms 経過するたびに起動されることになりますが，タスクとは異なり WAITING などの状態はありません. 結果，永久ループにはせず，必ず終了する形式で記述します.

　リスト 6.4 のタスクを周期ハンドラに書きなおすと，リスト 6.5 のようになります.

▼リスト 6.5　周期ハンドラ

```
void cyc(UB cid)
{
    iset_flg(1,0x0001);
}
```

> 周期ハンドラは「割込み部」なので，set_flg ではなく iset_flg を用いる

　コンフィギュレーションで，この "cyc" を 500 ms の周期ハンドラとして，図 6.12 のように登録します. これでリスト 6.4 と同じ動作をするので大変便利です. ただし，タスクとは異なり，システム状態が「割込み部」なので，発行できるサービスコールは限定されます. 詳しくは 3.3.2 項を見てください.

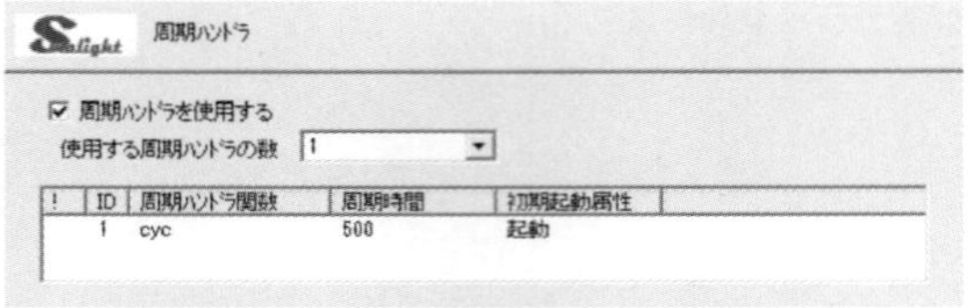

図6.12 周期ハンドラの登録画面

sample2 はタスク，周期ハンドラ，イベントフラグを各一つずつ使って，I/O 演習ボード上で1個だけ点灯している青色 LED の点灯位置をシフトさせていくシステムです．

単純に青色 LED の点灯位置を変化させると，点灯パターンの変化が 10 μs 以下で起きてしまいます．それでは点滅の周期が早すぎて人間の目では点滅が確認できず，8 個の LED 全部が点灯しているように見えてしまいます．そこで，LED の点灯位置を制御するタスクをフラグ待ちの状態で待たせ，周期ハンドラを使って 500 ms 間隔でフラグを立てて，ゆっくり点灯位置を変化させています．

このシステムではタスクは一つだけですが，フラグ待ちを使ってタスクの三つの状態を右回りに回っています．

(1) Main_Task は準備ができたら wai_flg を発行して，フラグ待ちで WAITING に遷移します．ポート1に接続された8個の青色 LED のうち，右側の LED が1個だけ点灯しています．

(2) 一定時間（500 ms）ごとに周期ハンドラ（cyc）が起動されて iset_flg を発行し，イベントフラグをセットします．

　注：起動する周期はコンフィギュレーションで設定されています．

(3) フラグがセットされると，Main_Task は READY に移行します．このときはまだ周期ハンドラが実行中ですから，システム状態は割込み部です．結果，タスクは実行できません．Main_Task はシステム状態がタスク部に戻るのを待ちます．

(4) 周期ハンドラが終了すると，Main_Task が RUNNING に移り，実行されます．Main_Task は青色 LED の表示データを読み取り，表示位置を1個シフトします．

(5) Main_Task は wai_flg を発行して WAITING に遷移します．

以下この繰り返しになります．図 6.3 ～ 6.9 に相当する図を自分で描いて，動作を確認してみてください．

　注：周期ハンドラが起動するのは，システム時刻が更新されたタイミングです．この場合，ハードウェアタイマからの割込み処理関数（intTim）が終了するときに disp サービスコールが発行されて，カーネルに制御が渡されます．このときに設定された時間が経過していれば，周期ハンドラが起動します．

　図 6.13 は，sample2 のシーケンス図です．Main_Task が WAITING に遷移したあと，cyc が起動するまでは，idle 関数の永久ループを何もせずに回っているカーネルアイドリングという状態になっています．

　図 6.13 では，時間の経過（横軸のスケール）は正しく表現されているわけではなく，実際にはカーネルアイドリングがほとんどの時間を占めていて，cyc と Main_Task の実行は一瞬で終わります．

　リスト 6.6 に，sample2 の Main_Task を示します．タスクはこれ一つです．

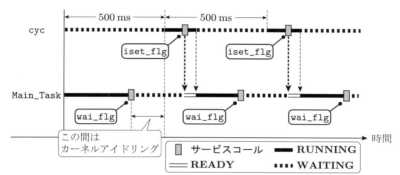

図 6.13　sample2 のシーケンス図

▼リスト 6.6　sample2 の Main_Task

```
void Main_Task(void)                  /* プライオリティタスク     */
{
W ercd;
    while( 1 )  {
        ercd = wai_flg( 1, 0x0001 );  /* WAITING 状態に移行       */
        if( P1 == 0x7F )              /* 点灯位置が左端か？        */
            P1 = 0xFE;                /* 点灯位置を右端に戻す      */
        else
            P1 = ~(~P1<<1);           /* 点灯位置を左にシフト      */
    }
}
```

▼ 演習問題 ┄┄┄

6.1　sample2 のオブジェクト関連図を描いてください．
┄┄

6.4 タスク間の通信

　従来方式のプログラムでは，関数呼び出しのときには引数と戻り値でデータのやりとりをしますが，μITRON と Smalight OS ではそれに替わるデータ受け渡しの仕組みをいくつかもっています．この仕組みを「通信」とよぶのは第2章で説明したとおりです．

　この節では，タスク間の通信と，実際のシステムで使う実用的な工夫を実験してみます．

6.4.1 イベントフラグを使ったデータの受け渡し

　sample3 では，イベントフラグまたはデータキューを用いてデータの受け渡しをしています．I/O 演習ボード上のボリューム値を，A/D 変換器を使って 100 ms の間隔で読みとり，イベントフラグまたはデータキューに書き込み，別のタスクでその値を読みとって青色 LED に表示します．

　Smalight OS には μITRON と同様にデータキューが用意されていますが，まずはイベントフラグを用いたデータの受け渡しを説明します．Smalight OS のイベントフラグは 16 ビットで実装されますが，16 ビット全部をデータに使う場合は，2.7.3 項で説明したようにデータと待ち解除ビットを兼用することになり，0 というデータを送れません．データが 8 ビットでよい場合は，フラグを上位，下位各 8 ビットずつに分けて，下位 8 ビットをデータ用に使い，上位 8 ビットを本来の待ち解除用のフラグとして使うことができます．もちろん，分け方は 8 ビットずつでなくても構いません．システムの都合に合わせて分離してください．

　使用するオブジェクトが増えてきたので，表 6.1 のように，オブジェクトの一覧表を作っておきましょう．

表 6.1　sample3 のオブジェクト一覧表

種　類	名　称	内　容
プライオリティタスク	Main_Task	A/D 変換結果の読み取り
プライオリティタスク	Led_Task	青色 LED 表示
周期ハンドラ	cyc	100 ms の時間間隔作成
disp 有割込みハンドラ	intTim	システム時刻更新
イベントフラグ	フラグ 1	時間間隔通知
イベントフラグ	フラグ 2	A/D 変換結果通知

sample3 の動作はつぎのようになります.

（1） Main_Task は最初の実行でフラグ 1 を待つ wai_flg を発行し，WAITING に遷移します.

（2） 一方，Led_Task は Main_Task がフラグ待ちで WAITING にいる間にフラグ 2 を待つ wai_flg を発行して，データがフラグ 2 に入れられるまで WAITING に遷移します.

（3） Main_Task は，周期ハンドラがフラグ 1 を立てると READY に移行して，周期ハンドラが終了すると実行を再開し，A/D 変換結果を読み取り，フラグ 2 に書き込みます. このとき，データと同時に Led_Task の待ちを解除するためのビットもセットします.

（4） データ待ちで WAITING にいた Led_Task は，（3）でデータと待ち解除ビットが入れられた set_flg によって READY に移行し，Main_Task がフラグ待ちで WAITING に遷移した時点で実行が再開されます. Led_Task はフラグ 2 から取り出したデータをポート 1 に接続された青色 LED に表示します.

以上の動作を周期ハンドラの周期で繰り返すことになります.

wai_flg によるフラグ待ちが解除されるとき，イベントフラグのデータがリターンパラメータ（ercd）に返されるので，このリターンパラメータからデータに使用しているフラグの下位 8 ビットの値を知ることができます. なお，Smalight OS のイベントフラグの扱いは μITRON と異なるので注意が必要です. μITRON では，フラグのパターンはフラグのデータそのもののポインタが返されます. それに対し Smalight OS では，リターンパラメータの一部にフラグパターンが記録されていて，戻されるデータはフラグの値と待ちパターンのビットの AND がとられたものです. そこであらかじめ待ちパターンのデータとして使用するビットに 1 を立てておく必要があります. このデータは，イベントフラグにクリア指定がされていても，クリアされる前のデータが記録されています. なお，グローバル変数によるデータの受け渡しは移植性を損なうので避けてください.

図 6.14 は，システムの中で使用するタスクを描き，タスク間の同期と通信の様子を示したオブジェクト関連図です.

リスト 6.7 に sample3 の二つのタスクを示します. また，イベントフラグの登録は図 6.15 のようになります. イベントフラグをデータの受け渡しに利用する場合，待ち解除属性は OR 待ちでなければなりません.

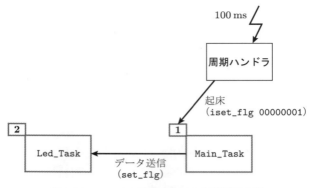

図 6.14 sample3 のオブジェクト関連図の例

▼リスト 6.7 sample3 のタスク

```
void Main_Task(void)                        /* プライオリティタスク    */
{
W ercd;
unsigned short dispdata;
    while( 1 )  {
        ercd = wai_flg( 1, 0x0001 );
        dispdata = 0x0100 | ADCRH;         /* 起床用ビット＋表示データ */
        set_flg( 2, dispdata );
    }
}


void Led_Task(void)                         /* プライオリティタスク    */
{
W ercd;
unsigned short dispdata;
    while( 1 )  {
        ercd = wai_flg( 2, 0x01FF );
        dispdata = ~(ercd & 0x00FF);       /* 表示データを取り出す     */
        P1 = dispdata;
    }
}
```

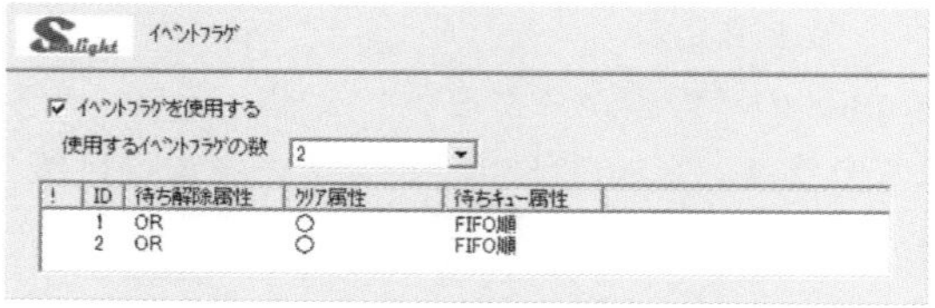

図 6.15 イベントフラグの登録画面

▼ 演習問題 ･･･

6.2　sample3 について，前出の sample1 と sample2 のシーケンス図（流れ図）
を参考にして，各サービスコールの機能を考えながらシーケンス図を描いてく
ださい．各サービスコールの内容は第 3 章に解説されています．Main_Task,
Led_Task の二つのタスク以外に，sample2 と同様 100 ms 間隔で起動する cyc
という周期ハンドラもシーケンス図に描く必要があります.

･･･

6.4.2　データキューを使ったデータの受け渡し

Smalight OS では，μITRON と同じデータキューがサポートされています．デー
タキューは snd_dtq（送信），rcv_dtq（受信）というサービスコールを使って通信
します．イベントフラグでデータをやりとりする場合と似た使い方をしますが，以下
のようないくつかの異なる点があります.

（1）　データキューはイベントフラグ同様 ID で区別しますが，一つの ID に複数の
データ（最大 127 個）を書き込めます．送信側は順次データを書き込んでいき
ますが，書き込む場所がなくなると，空きができるまで WAITING に遷移し
て待たされます.

（2）　イベントフラグのような待ちビットがないため，送信側はどのタスクが受信
するか指定できません．送受信とも指定できるのはデータキューの ID だけです.

（3）　複数のデータが書かれているときは，受信側は一番古いデータを読み出しま
す．データが一つもないときは，データが書き込まれるまで WAITING に遷
移して待たされます.

（4）　2.7.6 項で説明したように，データは一回しか読めません．したがって，状態
変数のように何回も参照するデータの場合は，クリア指定をしていないイベン
トフラグを使う必要があります.

リスト 6.8 に sample3 をデータキューに書きなおした例を示します．また，デー
タキューの登録は図 6.16 のようになります．今回の例では，データ数はいくつでも
動作は同じです．理由は 100 ms の間隔でしかデータキューへの送信が行われないた
め，常に Led_Task がデータキューからの受信待ちとなっているからです.

▼リスト6.8　データキューを使用した sample3

```
void Main_Task(void)                    /* プライオリティタスク      */
{
W ercd;
    while( 1 )  {
        ercd = wai_flg( 1, 0x0001 );
        snd_dtq( 1, ADCRH );
    }
}


void Led_Task(void)                     /* プライオリティタスク      */
{
W ercd;
W dispdata;
    while( 1 )  {
        ercd = rcv_dtq( 1, &dispdata );
        P1 = ~dispdata;
    }
}
```

図 6.16　データキューの登録画面

▼ 演習問題 ⋯⋯⋯⋯⋯⋯⋯⋯⋯⋯⋯⋯⋯⋯⋯⋯⋯⋯⋯⋯⋯⋯⋯⋯⋯⋯⋯⋯⋯⋯⋯

6.3　sample3 でデータキューを使用した場合について，オブジェクト一覧表を書き，オブジェクト関連図とシーケンス図を描いてください．

⋯⋯⋯⋯⋯⋯⋯⋯⋯⋯⋯⋯⋯⋯⋯⋯⋯⋯⋯⋯⋯⋯⋯⋯⋯⋯⋯⋯⋯⋯⋯⋯⋯⋯⋯⋯⋯

6.4.3　プライオリティタスクとローテーションタスクの組み合わせ

μITRON では，READY 状態にあるタスクの待ち行列（レディキュー）の中で，同じ優先度に複数のタスクを配置することができます．そして，同じ優先度のタスクに対してはラウンドロビン方式のスケジューリングを行うことができます．

それに対して Smalight OS では，図 6.17 のように，優先度によるスケジューリングを行うタスクとラウンドロビン方式のスケジューリングを行うタスクを区別して扱います．前者をプライオリティタスク，後者をローテーションタスクとよびます．ローテーションタスクは，もっとも低い優先度に位置づけられます．また，ローテーションタスクは一般的に WAITING 状態には入らず，READY と RUNNING を往復する使い方になります．

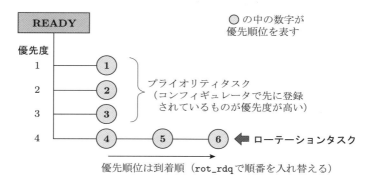

図 6.17 Smalight OS のレディキューと優先順位

sample4 では，ローテーションタスクの動作を理解するために，I/O 演習ボード上のボリュームの値を読むタスクと青色 LED に表示するタスクをプライオリティタスクとし，プッシュスイッチが押されたことを検出するローテーションタスクと組み合わせてあります．

ローテーションタスクの練習として，I/O 演習ボード上に 2 個のプッシュスイッチにそれぞれ専用のタスクを割り当てて，異なる動作をさせています．スイッチ検出タスク 2 個をローテーションタスクで交互に実行させ，どちらかのタスクがスイッチが押されたことを検出したらフラグを立てて，フラグ待ちをしていたプライオリティタスクが実行される構成です．

sample3 では周期ハンドラのタイミングでボリュームの値を読み込んで LED に表示させたのに対し，sample4 ではプッシュスイッチが押されたときにボリュームの値を読み込んで表示します．左側のプッシュスイッチが押されたときはボリュームの値の上位 4 ビットのデータを 8 ビットある青色 LED の上位 4 ビットに表示し，右側のプッシュスイッチが押されたときは青色 LED の下位 4 ビットに表示させています．

タスクの優先順位設定のノウハウとして，スイッチ検出のように常に実行させておきたいタスクは優先順位を最下位にしておき（Smalight OS の場合はローテーションタスクにする），短時間で処理が済むが急いで実行させたいタスクは優先順位を上

げる（プライオリティタスクにする）という方法をとります．

表6.2は，sample4で使用するタスク，オブジェクトなどの一覧表です．

表6.2　sample4のオブジェクト一覧表

種　類	名　称	内　容
プライオリティタスク	Main_Task	ボリュームの値の読み取り
プライオリティタスク	Led_Task	青色LED表示
ローテーションタスク	key_A	左側プッシュスイッチ監視
ローテーションタスク	key_B	右側プッシュスイッチ監視
イベントフラグ	フラグ1	スイッチが押されたことを通知
イベントフラグ	フラグ2	ボリュームの値を通知

sample4の動作は以下のようになります．

(1)　システムがスタートすると，まず，優先順位がもっとも高いMain_Taskが
RUNNINGになりますが，すぐにフラグ待ちでWAITINGに遷移します．

(2)　続いて，2番目の優先順位のLed_TaskがRUNNINGになりますが，これ
も表示データ用のフラグ待ちでWAITINGに遷移します．

(3)　二つのプライオリティタスクがWAITINGになったので，プッシュス
イッチを監視する二つのローテーションタスク（key_A，key_B）が交互に
RUNNINGになります．それぞれのスイッチ監視タスクは，担当するプッシュ
スイッチが押されると，イベントフラグをセットしてMain_Taskに通知しま
す．このとき，二つのタスクは異なるビットを立てます．

(4)　フラグがセットされて待ちが解除されたMain_Taskは，優先順位が高いので，
すぐRUNNINGに移行し，どちらのタスクから通知が来たのかを判定します．
このような待ち方をする場合は，待ちビットを二つ設定してOR待ちにします．

(5)　Main_Taskはボリュームの値を読み取り，どちらのスイッチが押されたか
によって，左側のスイッチの場合にはボリュームの値を表示データ用フラグ
の上位4ビットに，右側のスイッチの場合には下側4ビットに設定してLed_
Taskに通知します．

(6)　Main_Taskがフラグ待ちでWAITINGに遷移すると，待ちを解除されて
READYにいたLed_TaskがRUNNINGに移行し，イベントフラグから受け
取ったデータを青色LEDに表示します．

(7)　Led_Taskは表示したあと表示データ用のフラグ待ちでWAITINGに遷移
し，二つのローテーションタスクが起動します．

以下，この動作を繰り返します．なお，sample4 では，前出の sample3 とイベントフラグにおける待ち解除ビットとデータの使い分け方法を変更しています．sample3 では，上位と下位の各 8 ビットずつに分けましたが，sample4 ではとくに分離せず，書き込み側で +1，読み込み側で −1 を行っています．イベントフラグは 0 というデータが送れないだけですから，0 だけを避けるようにしました．

リスト 6.9 とリスト 6.10 に sample4 のタスクを示します．

また，図 6.18 は sample4 のオブジェクト関連図です．この図では図 6.14 とイベントフラグの描き方を変えています．

▼リスト 6.9　sample4 のタスクの主要部分

```
/****************************************************************/
/*  Main_Task      A/D変換結果読み込み                          */
/*        フラグ1が立つとA/D変換結果のデータをフラグ2にセットする  */
/*        フラグ1のビットにより，表示データを決める               */
/****************************************************************/
void Main_Task(void)                    /* プライオリティタスク   */
{
W ercd;
unsigned short dispdata;
    while( 1 )  {
        ercd = wai_flg( 1, 0x0011 );
        dispdata = ADCRH & 0xF0;

        if( ( ercd & 0x0011 ) == 0x0010 )
            dispdata >>= 4;
        set_flg( 2, dispdata + 1 );
    }
}
/****************************************************************/
/*  Led_Task      表示                                         */
/*        表示データ用フラグ2にデータが入ると，青色LEDの表示を更新  */
/****************************************************************/
void Led_Task(void)                     /* プライオリティタスク   */
{
W ercd;
    while( 1 )  {
        ercd = wai_flg( 2, 0x00FF );
        P1 = ~( ercd - 1 );
    }
}
```

▼リスト6.10　sample4 のタスクの主要部分（続き）

```
/****************************************************************/
/*   key_A,key_B    プッシュスイッチ検出                      */
/*       プッシュスイッチを監視し，押されたらフラグ1をセット    */
/****************************************************************/
void key_A(void)                        /* ローテーションタスク   */
{
    while( 1 )  {
        if( P13.7 == 0 )
            set_flg( 1, 0x0001 );
        rot_rdq( );                     /* key_Bに切り替える      */
    }
}

void key_B(void)                        /* ローテーションタスク   */
{
    while( 1 )  {
        if( P3.1 == 0 )
            set_flg( 1, 0x0010 );
        rot_rdq( );                     /* key_Aに切り替える      */
    }
}
```

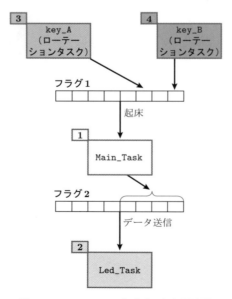

図6.18　sample4 のオブジェクト関連図

▼ 演習問題 ···

6.4　sample4 のシーケンス図を描いてください.

6.5　sample4 のフラグ 2 をデータキューに変えた場合について, オブジェクト一
　　　覧表を書き, オブジェクト関連図とシーケンス図を描いてください.

···

6.5　時間管理機能の応用

　この節では, 時間管理機能の一つであるタイムアウト付きサービスコールを使って,
携帯電話などで使われるスイッチの長押し機能を実現してみます.

6.5.1　アラームハンドラ

　μITRON では, アラームハンドラが用意されています. アラームハンドラは, 2.9
節に説明されているように, sta_alm サービスコールで動作開始後, 指定した時間が
経過したときに 1 回だけ実行されるハンドラです. このハンドラを使うと, スイッ
チが押されてから 1 秒後に何かの操作をするというような機能を実現できます.

　Smalight OS は簡略化のためにアラームハンドラをサポートしていませんが, タ
イムアウト付きのサービスコールを用いると, アラームハンドラと同等の動作をする
タスクを作ることができます.

6.5.2　スイッチ長押し検出の工夫

　携帯電話などでは, 一つの操作スイッチを短く押した場合と 1 秒以上の長時間押
した場合で機能を変えています. この長押しを Smalight OS で実現することを考え
てみましょう. sample5 では, I/O 演習ボード上のプッシュスイッチが 1 秒以上押し
続けられたことを検出して, 青色 LED の点灯のシフト方向を切り替えています.

　1 秒が経過したことは, get_tim サービスコールでシステム時刻を読み出して, 前
の読み出し時刻との差をとることで知ることができますが, タイムアウト機能を使う
と, システム時刻の監視をカーネルにまかせることができます.

　表 6.3 は sample5 で使用するタスクやオブジェクトなどの一覧表ですが, アラー
ムハンドラに相当するタスクを作り, スイッチ押しフラグとスイッチ離しフラグを用
意します. スイッチ押しフラグでアラームタスクにスイッチが押されたことを知らせ,

表 6.3　sample5 のオブジェクト一覧表

種　類	名　称	内　容
プライオリティタスク	alarm	1 秒の長押し検出
プライオリティタスク	Main_Task	青色 LED 表示
ローテーションタスク	sw_sense	プッシュスイッチの監視
周期ハンドラ	cyc	100 ms の時間間隔作成
disp 有割込みハンドラ	intTim	システム時刻更新
イベントフラグ	フラグ 1	時間間隔通知
イベントフラグ	フラグ 2	プッシュスイッチ押しフラグ
イベントフラグ	フラグ 3	プッシュスイッチ離しフラグ

アラームタスクはスイッチ離しフラグをタイムアウト付きサービスコール twai_flg
で待って，1 秒間の長押しを検出します．

　sample2 を改造して，左側のプッシュスイッチを 1 秒以上押し続けると，LED の
点灯シフトの方向が逆転するようにしましょう．動作がわかりやすいように，点灯シ
フトの間隔は 100 ms にします．

（1）　アラームタスク(alarm)は，優先順位がもっとも高いので，最初に RUNNING
　　　になり，スイッチ押しフラグ待ちで WAITING に遷移します．

（2）　つぎに，RUNNING になる Main_Task は，時間間隔フラグ待ちで
　　　WAITING に入ります．このとき，ポート 1 に接続された 8 個の青色 LED の
　　　うち右側の LED が 1 個だけ点灯しています．

（3）　3 番目に RUNNING になるスイッチ検出タスク（sw_sense）は，プッシュ
　　　スイッチが押されたのを検出するとスイッチ押しフラグをセットし，スイッチ
　　　が離されるとスイッチ離しフラグをセットします．このタスクはローテーショ
　　　ンタスクで，WAITING に入ることはありません．ほかに実行されるタスクや
　　　ハンドラがないときは常に実行されています．

（4）　一定時間（100 ms）ごとに周期ハンドラ（cyc）が起動されて iset_flg を発
　　　行し，時間間隔フラグをセットします．Main_Task は，時間間隔フラグがセッ
　　　トされると READY に移行し，周期ハンドラが終了すると RUNNING に移
　　　行します．そして，Main_Task は青色 LED の表示データを読み取り，表示
　　　位置を 1 個シフトして表示します．また，Main_Task は wai_flg を発行して
　　　WAITING に遷移します．

（5）　プッシュスイッチが押されて alarm タスクが READY から RUNNING に移行すると，すぐに 1 秒のタイムアウト付き twai_flg サービスコールを発行して，スイッチ離しフラグ待ちで WAITING に遷移します．この待ち解除は，スイッチ離しフラグがセットされた場合と 1 秒が経過した場合の 2 通りあります．

（6）　スイッチが押されたまま 1 秒が経過すると，alarm タスクの待ちが解除され RUNNING になります．リターンパラメータの中のエラーコードからタイムアウト（指定時間経過）があった場合はモードを切り替えます．モードは LED のシフトの方向を表します．

（7）　1 秒未満でスイッチが離されると，sw_sense タスクが検出してスイッチ離しフラグをセットします．このフラグで alarm タスクの待ちが解除された場合は，モードは切り替えられず，LED の点灯は同じ方向にシフトされていきます．

以下，（4）〜（7）の繰り返しになります．

図 6.19 に sample5 のオブジェクト関連図を示します．

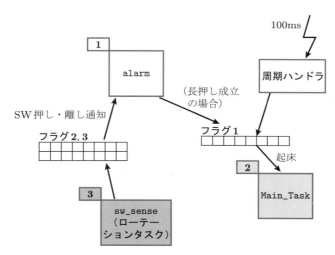

図 6.19　sample5 のオブジェクト関連図

▼ 演習問題 ⋯⋯⋯⋯⋯⋯⋯⋯⋯⋯⋯⋯⋯⋯⋯⋯⋯⋯⋯⋯⋯⋯⋯⋯

6.6　図 6.20 に sample5 のシーケンス図の一部が描いてあります．長押しが不成
　　立の場合と成立の場合について，シーケンス図を完成させてください．

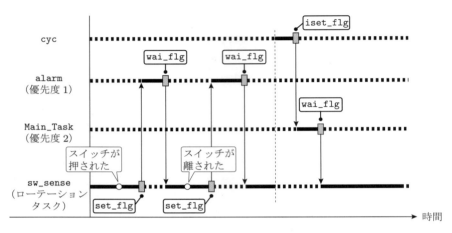

図 6.20　sample5 のシーケンス図

⋯⋯⋯⋯⋯⋯⋯⋯⋯⋯⋯⋯⋯⋯⋯⋯⋯⋯⋯⋯⋯⋯⋯⋯⋯⋯⋯⋯⋯⋯⋯⋯⋯⋯⋯

　リスト 6.11 は LED 表示の Main_Task，リスト 6.12 は長押し検出のタスク，リ
スト 6.13 はスイッチ押し・離しフラグをセットするタスクです．なお，ここではタ
スクを作ってタイムアウト機能で長押しを検出していますが，周期ハンドラで長押し
を検出することもできます．その場合は，周期ハンドラはコンフィギュレーションで
定義だけしておいて起動はしません．タスク内でスイッチが押されたことを検出した
ら，sta_cyc サービスコールで周期ハンドラをスタートして時間のカウントを始めま
す．スイッチが離されたことを検出したら，stp_cyc サービスコールで周期ハンドラ
のカウントを停止してしまいます．スイッチを押している時間が短くて設定時間に到
達する前に停止されてしまえば，何も起きません．スイッチが押し続けられて，周期
ハンドラのカウントが停止される前に設定周期の時間が経過すると，ハンドラが起動
し，長押しの処理をすることができます．

▼リスト 6.11　LED 表示の Main_Task

```
/***********************************************************/
/*   Main_Task      LEDのシフト点灯                        */
/*       フラグ1が立つとLEDをシフト点灯する                */
/*       フラグ1のビットにより，シフト方向を変更する       */
/***********************************************************/
```

```
void Main_Task(void)                        /* プライオリティタスク */
{
W ercd;
unsigned char mode = 0;                     /* シフト方向 0:左,1:右 */
    while( 1 ) {
        ercd = wai_flg( 1, 0x0011 );
        if( ( ercd & 0x0010 ) == 0x0010 )   /* 長押しによる待ち解除か? */
            mode ^= 1;                       /*    シフト方向を変更   */
        else                                 /* 100 ms経過による待ち解除 */
            if( mode == 0 )                  /*    左シフト           */
                if( P1 == 0x7F )
                    P1 = 0xFE;
                else
                    P1 = ~(~P1<<1);
            else                             /*    右シフト           */
                if( P1 == 0xFE )
                    P1 = 0x7F;
                else
                    P1 = ~(~P1>>1);
    }
}
```

▼リスト 6.12　長押しを検出するタスク

```
/*****************************************************************/
/*  alarm    長押しアラーム                                      */
/*      長押しを検出したら,フラグ1をセット                        */
/*      タイムアウト機能を利用する                                */
/*****************************************************************/
void alarm(void)                            /* プライオリティタスク */
{
W ercd;
    while( 1 ) {
        ercd = wai_flg( 2, 0x0001 );             /* SW押しフラグ検出  */
        ercd = twai_flg( 3, 0x0001, 1000 );  /* SW離しフラグ検出  */
        if( ( ercd & 0x00FF0000 ) == 0x00CE0000 ) /* タイムアウトの場合 */
            set_flg( 1, 0x0010 );            /* モード変更をフラグにセット */
    }
}
```

▼リスト 6.13　スイッチの押し・離しを検出するタスク

```
/**************************************************************/
/*   sw_sence     プッシュスイッチ検出                       */
/*      プッシュスイッチを監視し,押されたらSW押しフラグをセット  */
/*      離されたら,SW離しフラグをセット                       */
/**************************************************************/
void sw_sence(void)                        /* ローテーションタスク */
{
unsigned int i;
    while( 1 )  {
        while( P13.7 != 0 )  ;
        clr_flg( 3, 0x0000 );              /* SW離しフラグをクリア */
        set_flg( 2, 0x0001 );              /* SW押しフラグをセット */
        for( i=0 ; i<10000; i++ )  ;       /* チャタリング対策     */
        while( P13.7 == 0 )  ;
        set_flg( 3, 0x0001 );              /* SW離しフラグをセット */
        for( i=0 ; i<10000; i++ )  ;       /* チャタリング対策     */
    }
}
```

カーネルオブジェクトだけを利用したシステム例

この章では，前章までのサンプルと同じ図5.1のI/O演習ボードを使って，少し複雑なシステムを作ってみましょう．ただし，使用するリアルタイムOSの機能はカーネルの環境下にあるオブジェクトだけに絞り，時間管理用のタイマ割込みハンドラ以外の割込みハンドラは使用しません．第6章で紹介したタスク，イベントフラグ，周期ハンドラなどのオブジェクトだけを利用してシステムを構築します．

7.1　制御対象のシステム

I/O演習ボードの2個のプッシュスイッチとボリュームのA/D変換結果の上位4ビットを入力として，8個の青色LEDの点灯パターンを制御します．

7.1.1　システムの概要

システムには，図7.1に示すスイッチ待ち状態，加算状態，減算状態の三つの状態があります．図でP137と書いてあるのは，ポート13のビット7に接続されたスイッチが押されたことを意味します．同様に，P31と書いてあるのは，ポート3のビット1に接続されたスイッチが押されたことを意味します．

① プログラムが起動したときは，8個のLEDの両端の2個を点灯して，スイッチ待ちの状態になっています．

② 左側のプッシュスイッチ（ポート13のビット7に接続）を押すと，加算の状態に入ります．

③ 右側のプッシュスイッチ（ポート3のビット1に接続）を押すと，減算の状態に入ります．

④ 加算の状態では，ボリュームのA/D変換結果の上位4ビットを読み取り，青

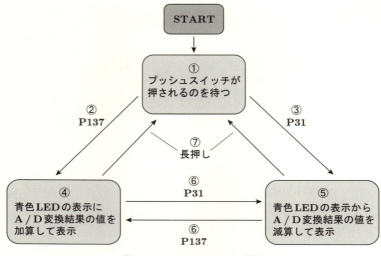

図7.1　システムの三つの状態

色 LED に表示された値に加算して表示しなおします．この動作を一定時間間隔で繰り返します．

⑤　減算の状態では，ボリュームの A/D 変換結果の上位 4 ビットを読み取り，青色 LED に表示された値から減算して表示しなおします．この動作を一定時間間隔で繰り返します．

⑥　加算の状態，減算の状態からでも，それぞれのスイッチを押すことにより，相互に状態を変更できます．

⑦　加算や減算の状態にいるときに，左側のスイッチを 1 秒以上押し続けると，スイッチ待ちの状態に移行します．

このほかに 2 桁の 7 セグメント LED があり，プログラムの状態の表示などに用いることができます．

これを Smalight OS のシステムで実現するには，プッシュスイッチ検出，ボリュームの A/D 変換結果の読み取り，加算，減算，青色 LED 表示，7 セグメント LED 表示，スイッチの長押し検出などをそれぞれタスクにして処理を分担させます．この場合，単にタスクを切り替えるだけでなく，ボリュームの A/D 変換結果から読み取ったデータあるいは演算結果のデータを別のタスクに渡す必要があり，データキューまたはイベントフラグを用います．

また，システムがいまどの状態で動作しているかを状態変数として保持しておき，加算 / 減算の動作はこの状態変数で決めるように構成しますが，このような目的の場

合は，データを何回でも読むことができるイベントフラグを使用します．

7.1.2 リアルタイム OS を用いない場合

まず，リアルタイム OS を用いない従来方式のプログラムではどうなるか，考えて みます．

従来方式のプログラムでは，図 7.2 のように main 関数から各関数を次々に呼び出 していく形式になります．SW 検出関数の結果により加算と減算のどちらの関数を呼 び出すかを決めたり，ハードウェアタイマを使って LED 表示関数を一定時間間隔で 呼び出したりするのは main 関数の役割です．

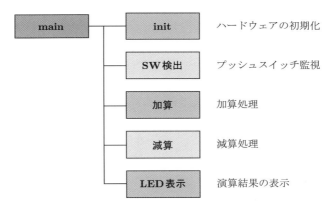

図 7.2　従来方式のプログラムのオブジェクト関連図の例

リアルタイム OS のシステムの場合は，main 関数の代わりにカーネルが全体の進 行を制御し，その他の関数の代わりにタスクが配置されます．関数の引数・戻り値で 行われるデータのやりとりには，イベントフラグなどのオブジェクトが使用されます． また，システム時刻による時間管理の機能を用いて，周期ハンドラにより一定時間間 隔でタスクを動作させることができます．

7.1.3 タスク分割の例

このシステムを Smalight OS で実現するために，表 7.1 のように，全体の作業を 4 個のタスクと一つの周期ハンドラに分割することを考えます．また，タスク間の同 期と通信のために 5 個のイベントフラグを使います．図 7.3 は表 7.1 の構成にしたと きのオブジェクト関連図です．

表7.1　オブジェクト一覧表

種　類	名　称	内　容
プライオリティタスク	alarm	1秒の長押し検出
プライオリティタスク	volume	ボリュームの A/D 変換結果読み取り
プライオリティタスク	calc	演算と LED 表示
ローテーションタスク	sw_sense	プッシュスイッチ検出
周期ハンドラ	cyc	200 ms の時間間隔作成
disp 有割込みハンドラ	intTim	システム時刻更新
イベントフラグ	フラグ1	周期ハンドラからの通知
イベントフラグ	フラグ2	ボリュームデータ
イベントフラグ	フラグ3	状態変数
イベントフラグ	フラグ4	スイッチ押しフラグ
イベントフラグ	フラグ5	スイッチ離しフラグ

　図 7.1 の三つの状態は，フラグ3を用いた状態変数で表しています．sample6 の各リストでは，図 7.1 の①の状態をモード0，④の状態をモード1，⑤の状態をモード2として扱っています．

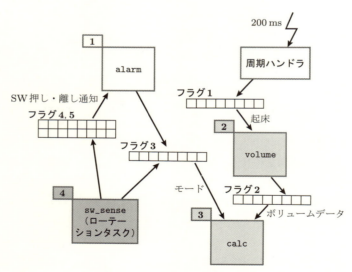

図 7.3　オブジェクト関連図の例

　図7.4と図7.5は概略のシーケンスです．この図では，各タスクがRUNNINGになったときだけを表示しています．これをもとに詳しいシーケンス図を描いてみてください．加算スイッチが押されたとき，長押しなどいくつかの状態に分けるとよいでしょう．シーケンス図が描けたら，設計に従ってプログラムを作ります．

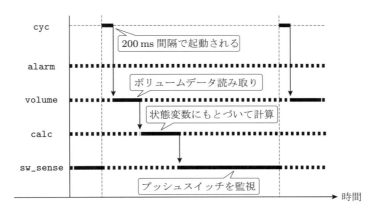

図7.4　定常状態の概略シーケンス

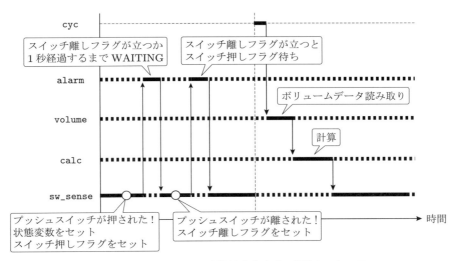

図7.5　プッシュスイッチが押されたときの概略シーケンス

7.2　イベントフラグの役割

　イベントフラグを5個使いますが，それぞれのフラグは表7.2のような意味をもっています．フラグ2は，データキューに置き換えることもできます．

表7.2　イベントフラグの仕様

名称（ID番号）	発行元	受信先	内容・役割
フラグ1（ID＝1）	cyc	volume	200 ms の時間間隔を通知
フラグ2（ID＝2）	volume	calc	ボリュームデータ
フラグ3（ID＝3）	sw_sense	calc	状態変数
フラグ4（ID＝4）	sw_sense	alarm	スイッチ押しフラグ
フラグ5（ID＝5）	sw_sense	alarm	スイッチ離しフラグ

　イベントフラグは，OR待ちかAND待ちか，待ちを解除したときにクリアするかどうか，複数のタスクが待っているときに優先順位をどうするかについて，図7.6のように，コンフィギュレータで設定しておきます．この例では，状態変数のフラグは設定が変更されるまで何回も繰り返し参照されるため，待ち解除時のクリア指定をしていません．

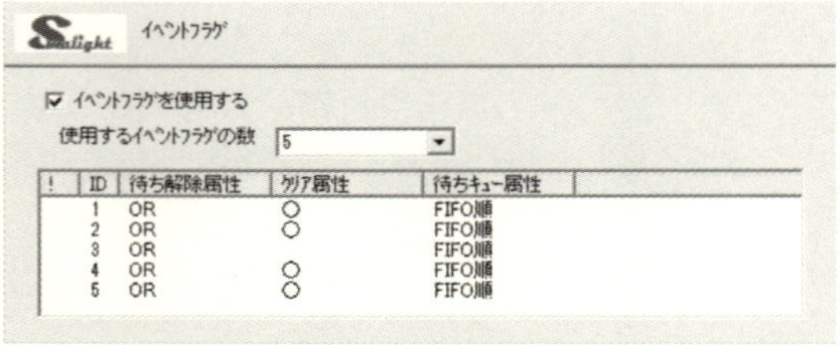

図7.6　イベントフラグの登録画面

7.3　タスクの例

　この節では，各タスクの例を示して解説します．

7.3.1　alarm

　alarm は，プッシュスイッチの長押しを検出するタスクであり，設定時間は1秒です．長押しの判定は工夫が必要ですが，第6章の sample5 で長押し検出の実験をし

ているので，同じ方法を用います．

　後出の sw_sense タスクでプッシュスイッチが押されたことを検出したら，alarm
タスクにイベントフラグで通知し，離されたのを検出したことは別のイベントフラグ
で通知しますが，alarm タスクはスイッチが離されたのを検出する前に 1 秒が経過し
たら，状態変数フラグを書き換えて演算を停止させます．

　1 秒経過を検出するのは，6.4.4 項で説明したように，タイムアウト付きの twai_
flg を用います．このサービスコールを発行すると，待っているイベントフラグがセッ
トされた場合は wai_flg と同じ動作ですが，設定したタイムアウト時間が過ぎてもイ
ベントフラグが立たない場合はエラーコードを返して待ちが解除されます．

　スイッチが押されるまでは SW 押しフラグのイベントフラグ待ちで WAITING にいま
すが，スイッチが押されると sw_sense タスクによってイベントフラグが立てられて待ち
が解除されます．すぐに SW 離しフラグのイベントフラグ待ちになりますが，スイッチ
が離されれば普通に待ちが解除されるのに対し，設定した待ち時間（ここでは 1000 ms）
を経過してもイベントフラグが立たない場合は，リターンパラメータの中のエラーコー
ドに 0xce を返して待ちが解除されます．そこで，リスト 7.1 のように，エラーコード
0xce を検出した場合は状態変数のフラグにスイッチ待ちのモード 0 を設定します．

▼リスト 7.1　アラームタスク

```
void alarm(void)                            /* プライオリティタスク */
{
W ercd;
    while( 1 )  {
        ercd = wai_flg( 4, 0x0001 );          /* SW 押しフラグ検出   */
        ercd = twai_flg( 5, 0x0001, 1000 ); /* SW 離しフラグ検出   */
        if( ( ercd & 0x00FF0000 ) == 0x00CE0000 )  {
                                              /* タイムアウトの場合  */
            clr_flg( 3, 0x0100 );             /* モードを 0 に設定   */
            P7 = 0x40;            /* 7 セグメント LED に "-" を表示  */
        }
    }
}
```

　このタスクはタイムアウト機能でシステム時刻を使っているため，必ず intTim 割
込みでシステム時刻を更新しておく必要があります．

　また，ここではタスクでアラーム機能を実現していますが，Smalight OS では周
期ハンドラで代用させることができます．μITRON 仕様では標準でアラームハンド
ラが用意されています．

7.3.2　volume

　volume は，ボリュームの A/D 変換結果を読み取るタスクであり，リスト 7.2 に示すように sample3 の Main_Task と似ています．普段は 200 ms 時間間隔を通知するフラグのイベントフラグ待ちで WAITING にいますが，cyc が 200 ms 間隔でフラグを立てたときに待ちが解除されて，ボリュームの A/D 変換結果を読み取ったあとボリュームデータをイベントフラグにセットします．

▼リスト7.2　ボリュームタスク

```
void volume(void)                          /* プライオリティタスク */
{
W ercd;
unsigned short dispdata;
    while( 1 )  {
        ercd = wai_flg( 1, 0x0001 );        /* 200 ms の時間経過待ち */
        dispdata = ( ADCRH & 0xF0 ) >> 4;   /* A/D 変換結果の読み込み */
        dispdata |= 0x0100;                 /* 待ち解除ビットの設定 */
        set_flg( 2, dispdata );             /* A/D 変換結果の設定 */
    }
}
```

　ボリュームデータのフラグは，データを渡すだけでなく，つぎの calc タスクの待ち解除にも使いますが，データが 0 の場合でも待ちが解除できるように，ビット 8 を待ち解除のためのビットとしています．データはビット 0 〜 3 の 4 ビットです．このあと出てくる状態変数フラグも同じ使い方をしています．

7.3.3　calc

　calc は，リスト 7.3 に示すように，状態変数フラグにセットされたモードにより，加算または減算を行って LED に表示するタスクです．普段はボリュームデータのイベントフラグ待ちで WAITING にいますが，volume タスクがボリュームデータのフラグをセットすることにより待ちが解除されます．

　状態変数フラグに対しても wai_flg を発行していますが，このイベントフラグは待ち解除のビットが常に 1 であるため，WAITING に入らずタスクが続行されます．なお，twai_flg を発行して，待ち時間を TMO_POL(0) にしても同じ結果（これをポーリングとよびます）になります．コンフィギュレーションで，状態変数のフラグに対してはクリア指定をしていないことに注意してください．

▼リスト7.3 加減算タスク

```
void calc(void)                              /* プライオリティタスク      */
{
W ercd;
unsigned char vol, dispdata;
    dispdata = 0x81;
    set_flg( 3, 0x0100 );                    /* 状態フラグの初期化        */
    while( 1 ) {
        ercd = wai_flg( 2, 0x010F );         /* A/D 変換結果の設定待ち    */
        vol = ercd & 0x0F;                   /* A/D 変換結果の取り出し    */
        ercd = twai_flg( 3, 0x010F, TMO_POL ); /* WAIT せずに成立        */
        if( ( ercd & 0x0000000F ) == 1 )     /* モード1の加算モードか?   */
            dispdata += vol;                 /* A/D 変換結果を加算        */
        if( ( ercd & 0x0000000F ) == 2 )     /* モード2の減算モードか?   */
            dispdata -= vol;                 /* A/D 変換結果を減算        */
        P1 = ~dispdata;                      /* 結果を LED に表示         */
    }
}
```

計算した結果は青色 LED に表示されます.

alarm, volume, calc の三つのタスクが実行されましたが, calc タスクが wai_flg でまた WAITING の状態に戻ると, つぎの sw_sense タスクが実行されます.

7.3.4 sw_sense

sw_sense タスクは, リスト 7.4 に示すようにプッシュスイッチを監視していますが, ローテーションタスクにしてあって優先順位が最下位のため WAITING に入ることがなく, プライオリティタスクが一つも実行されていないときは常に RUNNING になります.

ここまで説明してきたプライオリティタスクは, ほとんどの時間は WAITING で, 一瞬だけ READY から RUNNING を経由して再び WAITING になります. したがって, システムが実行されている間, ほとんどの時間はこの sw_sense タスクが実行されていることになります.

動作は, どちらかのプッシュスイッチが押されると, 押されたスイッチに対応したモードを状態変数のフラグに設定します. また, 左側のスイッチが押された場合は, スイッチ離しフラグをクリアしてからスイッチ押しフラグをセットします. さらに, スイッチが離されたことを検出すると, スイッチ離しフラグをセットします.

ただし, プッシュスイッチを押すまたは離す瞬間にチャタリング (7.5.3 項) が発

▼リスト7.4　プッシュスイッチ検出タスク

```
void sw_sence(void)                              /* ローテーションタスク  */
{
unsigned int i;
unsigned char pre = 0x82, now;
    while( 1 )  {
        now = ( P13 & 0x80 ) + ( P3 & 0x02 );   /* SW の読み込み    */
        if( pre == now )                         /* 前回読み込み値の比較 */
            continue;
        if( now == 0x02 )  {            /* 左側の SW のみ押しているか？ */
            clr_flg( 3, 0x0100 );               /* モードフラグをクリア  */
            set_flg( 3, 0x0001 );               /* モードを 1 に設定    */
            P7 = 0x77;                    /* 7 セグメント LED に "A" を表示 */
            clr_flg( 5, 0x0000 );               /* SW 離しフラグをクリア */
            set_flg( 4, 0x0001 );               /* SW 押しフラグをセット */
        }
        if( now == 0x80 )  {            /* 右側の SW のみ押しているか？ */
            clr_flg( 3, 0x0100 );               /* モードフラグをクリア  */
            set_flg( 3, 0x0002 );               /* モードを 2 に設定    */
            P7 = 0x6D;                    /* 7 セグメント LED に "S" を表示 */
        }
        if( now == 0x82 )               /* 左右の SW とも離しているか？ */
            set_flg( 5, 0x0001 );               /* SW 離しフラグをセット */
        for( i=0 ; i<10000; i++ )  ;            /* チャタリング対策     */
        pre = now;                              /* 前回読み込み値の設定  */
    }
}
```

生する可能性があるので対策が必要です．そこで，前回のスイッチの読み込み値を保持しておき，前回と今回のスイッチの値が変化したときは，チャタリングが収まるまで約 10 ms 間の空ループを実行しています．

　また，状態の変化に伴い，現在の状態が加算ならば "A"，減算ならば "S" を 7 セグメント LED に表示しています．

7.4　コンフィギュレーション

　各タスクのコンフィギュレーションは図 7.7 のようになります．スタックサイズはスタック見積もりツールに表示された値をもとに算出しています．

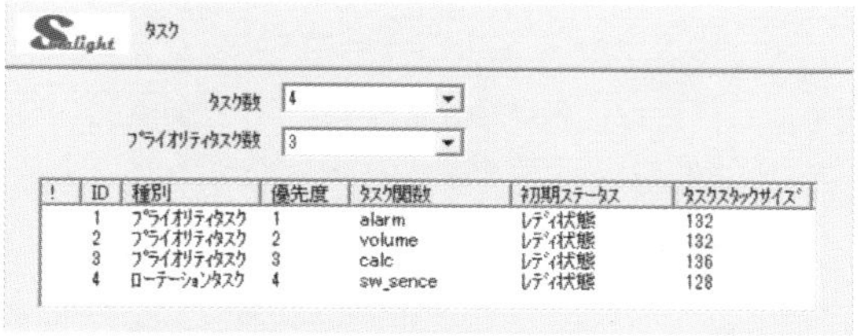

図 7.7 タスクの登録画面

7.5 演習を進めるときの注意点

　この節では，タスク以外のシステム初期化処理の内容や，演習を進めるための手順や注意事項などを紹介します．

7.5.1 ハードウェアのイニシャライズ

　このシステムを動かすためには，システム時刻を更新するためのタイマ割込みと，I/O 演習ボードのための入出力を設定する必要があります．いずれもすでに第 5 章に出てきていますが，まとめるとリスト 7.5 のようになり，uinit 関数の中に記述します．

▼リスト 7.5　ハードウェアのイニシャライズ

```
/* タイマのイニシャライズ */
    OSMC |= 0x10;      /* 15 kHz の低速オンチップ・オシレータ・クロックを選択   */
    RTCEN = 1;         /* インターバル・タイマにクロックを供給                 */
    ITMK = 0;          /* インターバル・タイマの割込みを許可                   */
    ITPR1 = 0;         /* インターバル・タイマの割込みレベルを 1 に設定        */
    ITMC = 0x8000 + 15000/10 - 1;   /* 100 ms 周期でインターバル・タイマをスタート*/

/* ポートのイニシャライズ */
    P1 = 0x7E;         /* LED0 と LED7 のみ点灯のパターンを設定                */
    PM1 = 0x00;        /* LED0 ～ LED7 接続のポート 1 を出力に設定             */
    P7 = 0x40;         /* セグメントラインを "-" の表示に設定                  */
    PM7 = 0x00;        /* セグメントライン接続のポート 7 を出力に設定          */
    P5 = 0x20;         /* 7 セグメント LED の左側の消灯，右側を点灯に設        */
    PM5 = 0xCF;        /* 7 セグメント LED 接続のポート 5 を出力に設定         */

/* A/D 変換器のイニシャライズ */
    ADCEN = 1;         /* A/D 変換器にクロックを供給                          */
```

```
ADS = 0x12;      /* ANI18 を選択                            */
ADM2 = 0x01;     /* 8 ビット分解能を選択                      */
ADM0 = 0xA3;     /* セレクトモードで A/D 変換を開始           */
```

7.5.2 演習の手順

まず，第6章の sample2 と sample3 を合体させて，イベントフラグを使用してボリュームの A/D 変換結果を LED の表示に加算していくシステムを作り，コンフィギュレーションの練習をするとよいでしょう．つぎに，全体の設計をしてからプッシュスイッチによるプログラム制御を加えたものを作ります．

7.5.3 チャタリング

普通のスイッチは，ON または OFF したとき，接点の周辺の振動が原因で何回か ON/OFF を繰り返してから所定の状態に落ち着きますが，この現象をチャタリングとよびます．図7.8 に示すように，プログラムの動作が早いと，ON/OFF を繰り返している間に何回もスイッチを読み取ってしまい，誤動作を起こす原因になります．

対策としては，チャタリングが収まるまでスイッチを読みに行かないようにタイマを入れて遅らせたり，何回か繰り返してスイッチを読み取って，複数回同じデータが得られてからそれを採用したりすることが考えられます．実験した結果では，50回連続して同じデータが得られればチャタリングが収束したと見なすことができ，誤動作を防ぐことができます．

今回使用しているスイッチはロックされないため，押したスイッチは離さなければなりません．離すときにもチャタリングを起こすので，注意が必要です．

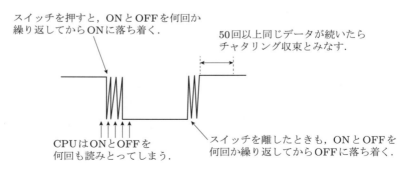

図7.8 スイッチのチャタリング

7.5.4　応用

　ここまで「一つの例」の解説をしてきました．タスクの分割の仕方，オブジェクトの使い方はいくつも考えられます．解説した例ではタスクを4個使用していますが，練習なのでLED表示のタスクを独立させる，7セグメントLED用のタスクを追加するなど，できるだけ多くのタスクを作ってみるのもよいでしょう．ただし，タスクが増えると，スタックによるRAMの消費量が増えます．スタックのサイズをていねいに設定して，タスクは10個程度に抑えるようにしてください．また，ここまで示した例ではデータの受け渡しにすべてイベントフラグを使っていますが，データキューに置き換えることができるイベントフラグもあります．

　そのほかに，問題にはないオプションも考えられます．ここまでの説明をもとに，自分でシステムを工夫してみてください．たとえば，プッシュスイッチは2個あるので，それぞれの長押しに異なる機能を与えることができます．左側のプッシュスイッチでは演算の一時停止，右側では表示をリセットとか，"一定時間間隔"の変更などが考えられます．

　自分で考えたシステムのオブジェクト関連図とシーケンス図を描いて，設計に従ってシステムを作ってみてください．

第8章

割込みハンドラを利用したシステム例

　組込みシステムでは多くの I/O を操作しますが，I/O の速度は CPU の速度と比べるとはるかに遅いため，一般に I/O からの応答待ちには割込みが利用されます．それはリアルタイム OS を使った場合も同じです．この章では，disp 無割込みハンドラ，disp 有割込みハンドラの両方を利用して，少し複雑なシステムを作ってみましょう．また，RL78 マイコンの割込みレベルと Smalight OS における割込みハンドラの記述やコンフィグレーションとの関係も合わせて紹介します．

8.1　制御対象のシステム

　I/O 演習ボードのボリュームの値を A/D 変換器で調べ，その結果の上位 8 ビットを入力として，2 桁の 7 セグメント LED に 0.0 〜 5.0 V の値を表示します．また，A/D 変換結果をダイレクトで 8 個の青色 LED にも表示する 7 セグメント LED 制御システムを作成します．

8.1.1　7 セグメント LED の表示方法

　2 桁の 7 セグメント LED は，図 8.1 に示すように，セグメントラインがポート 7 に接続されており，2 桁共通です．また，ポート 7 に設定したセグメントラインが 2 桁のどちらに表示されるかは，ポート 5 のビット 4（十の桁）とビット 5（一の桁）で決定します．もし 2 桁とも選択すると，同じセグメントのパターンが両方の桁に点灯されます．したがって，2 桁に異なる値が表示されているように見せかけるためには，交互に点灯を行う必要があります．もちろん，それを秒単位に行ったのではちらついて見えてしまいますが，ミリ秒単位に行えば，人間の目には残像現象があるために両方の LED が点灯しているように見えます．これは，ダイナミック点灯とよばれる操作方法であり，数多くの LED で表示をつかさどる電光掲示板などに使われる制御方式です．今回は 1 桁 5 ms の間隔で交互に表示を行います．

7セグメント LED のポート割付

接続先	信号名	入出力	仕　様
セグメント a	P70	出力	
セグメント b	P71	出力	
セグメント c	P72	出力	
セグメント d	P73	出力	点灯パターンを出力
セグメント e	P74	出力	論理出力 L：消灯, H：点灯
セグメント f	P75	出力	
セグメント g	P76	出力	
セグメント D.P	P77	出力	
dig0（一の桁）	P54	出力	点灯する桁を選択
dig1（十の桁）	P55	出力	論理出力 L：点灯, H：消灯

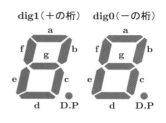

図 8.1　7 セグメント LED の接続構成

8.1.2　ボリュームの A/D 変換方法

　ボリュームの A/D 変換器を含め，応答待ちが考えられる I/O を扱う場合，その制御方法はタスクと割込みハンドラの二つで制御するのが一般的です．I/O を起動したタスクは，何かしらのサービスコールを使って WAITING となり，I/O の応答に対応した割込みハンドラから WAITING を解除してもらうことによって，I/O 待ちの時間に優先度の低いタスクを動作させるという考え方です．

　第 7 章までの A/D 変換器の操作では，上記の方法は使わずに A/D 変換器を常に動作させて待ち時間が発生しないように制御していました．この章では，割込みハンドラを利用して，一般的な I/O 操作の方法で A/D 変換器を扱います．

8.1.3　SW の割込み

　I/O 演習ボードの左側の SW を A/D 変換の再開と停止に利用します．SW の読み込みは第 7 章までに頻繁に登場していますが，今回のシステムでは割込みとして使用します．SW が接続されているポート 13 の 7 ビット目は INTP0 の割込み端子として使うことも可能であり，この INTP0 割込みを利用して A/D 変換器の割込みを禁止・許可で A/D 変換の再開と停止を実現します．

　なお，INTP0 割込み端子を使うにあたっては，第 7 章までで説明してきた SW のチャタリングが気になります．1 回の SW 入力で複数回の INTP0 割込みが発生するとなると，制御が複雑になってしまうからです．実は，ほかの機器への応用を考えて，

簡易なSWにはチャタリング現象があることを紹介してきましたが，今回使用している I/O 演習ボードの SW にはハード的なチャタリング防止対策が施してあります．具体的には，フリップフロップ回路を用いて SW が接続してあるため，I/O 演習ボードの SW はチャタリングが発生しません．つまり，実装されている二つの SW は両方とも割込み端子として使うことが可能です．

8.1.4　システム構成

　このシステムを Smalight OS で実現するために，表8.1のように，全体の作業を2個のタスクと3個の割込みハンドラに分割することにしました．また，割込みハンドラとタスクの同期にはイベントフラグ，タスク間の同期にはデータキューを使います．図8.2は表8.1の構成にしたときのオブジェクト関連図です．

表8.1　7セグメント LED 制御システムのオブジェクト一覧

種　類	名　称	内　容
プライオリティタスク	ad_tsk	A/D 変換結果から LED 表示データの作成
プライオリティタスク	led_tsk	7セグメント LED のダイナミック点灯
disp 有割込みハンドラ	intTim	システム時刻更新
disp 有割込みハンドラ	intad_hdr	A/D 変換結果の読み込み
disp 無割込みハンドラ	intp0_hdr	A/D 変換終了割込みの禁止・許可
イベントフラグ	フラグ	ボリュームデータ
データキュー	キュー	LED 表示データ

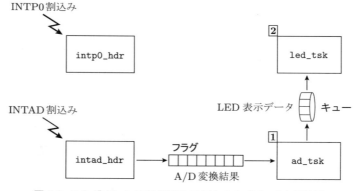

図8.2　7セグメント LED 制御システムのオブジェクト関連図

8.1.5 ad_tsk

リスト 8.1 に示す ad_tsk は，ボリュームの値を A/D 変換し，その結果を 7 セグメント LED に表示可能なデータに変換するタスクです．

起動後は A/D 変換を開始し，その終了をイベントフラグで待ちます．A/D 変換結果にはゼロが存在しますので，2^8 ビットを常に設定するものとし，下位 8 ビットで A/D 変換結果を受け取ります．A/D 変換結果をイベントフラグで受け取ったあとは，値を 0.0V ～ 5.0V の値に補正したうえで 7 セグメント LED への表示データに加工します．

加工後の表示データはデータキューで led_tsk に送信します．データ数が 0 のデータキューは，送信側と受信側のタスクが完全に同期した形式で動作します．具体的には，データ数が 0 の場合，snd_dtq を発行したタスクは必ず送信待ちの WAITING となり，ほかのタスクが rcv_dtq を発行するとデータの受け渡しが行われ，送信待ちの WAITING が解除されます．逆に，rcv_dtq が先に発行された場合，そのタスクは必ず受信待ちの WAITING となり，ほかのタスクが snd_dtq を発行するとデータの受け渡しが行われ，受信待ちの WAITING が解除されます．つまり，データ数が 0 のデータキューは，送信側と受信側のタスクを同期させることが可能なのです．

ad_tsk は，led_tsk が rcv_dtq で表示データを受信するまでは動作する必要がないため，このデータ数が 0 のデータキューを使って同期をとるようにしています．

▼リスト 8.1　ad_tsk

```
void ad_tsk(void)                        /* プライオリティタスク   */
{
static const char seg[] =                /* セグメントラインデータ */
  { 0x3F, 0x06, 0x5B, 0x4F, 0x66, 0x6D, 0x7D, 0x27, 0x7F, 0x6F };
unsigned short dispdata;
W ercd;
    while( 1 )  {
        ADCS = 1;                        /* A/D 変換の開始          */
        ercd = wai_flg( 1, 0x1FF );      /* A/D 変換結果の受け取り */
        ercd = (ercd & 0xFF) * 50 / 255; /* A/D 変換結果の補正      */
        dispdata  = seg[ercd/10] + 0x80 << 8;
                                         /* 十の桁をセグメントラインに変換 */
        dispdata += seg[ercd%10];  /* 一の桁をセグメントラインに変換 */
        snd_dtq( 1, dispdata );          /* 表示データの設定        */
    }
}
```

8.1.6 intad_hdr

リスト 8.2 に示す intad_hdr は，A/D 変換終了（INTAD 割込み要求）に対応した割込みハンドラです．ボリュームの A/D 変換結果を読み込み，青色 LED を点灯後，イベントフラグ経由で結果を ad_tsk に渡します．A/D 変換結果には 0 が存在するため，2^8 ビットを常に設定します．

▼リスト 8.2　intad_hdr

```
#pragma rtos_interrupt INTAD intad_hdr
__rtos_interrupt void intad_hdr(void)
{
    P1 = ~ADCRH;                         /* 青色 LED の点灯       */
    iset_flg( 1, ADCRH + 0x0100 );       /* A/D 変換結果の設定   */
}
```

8.1.7 led_tsk

リスト 8.3 に示す led_tsk は，7 セグメント LED のダイナミック点灯を行うタスクです．ad_tsk よりデータキューに送信された表示データを trcv_dtq のポーリングで受信します．ポーリングで受信する理由は，左側の SW によって A/D 変換終了割込みが禁止された場合，ad_tsk が動作せず，データキューに表示データが存在しない可能性があるからです．もし rcv_dtq を使用すると，受信待ちの WAITING となってしまい，ダイナミック点灯が実施できません．ここでは，表示データが存在しなくても WAITING にならないようにポーリングを使います．

その後は，5 ms の間隔を tslp_tsk で構成し，7 セグメント LED のダイナミック点灯を行います．

▼リスト 8.3　led_tsk

```
void led_tsk(void)                              /* プライオリティタスク   */
{
W dispdata = 0;
    while( 1 )  {
        trcv_dtq( 1, &dispdata, TMO_POL ); /* LED 表示データの受け取り */
        tslp_tsk( 5 );                          /* 5 ms のタイムアウト待ち */
        P5 = 0x30;                              /* 7 セグメント LED の消灯 */
        P7 = dispdata >> 8;                     /* 十の桁のセグメントライン設定*/
        P5 = 0x10;                              /* 十の桁の表示           */
        tslp_tsk( 5 );                          /* 5 ms のタイムアウト待ち */
        P5 = 0x30;                              /* 7 セグメント LED の消灯 */
```

```
        P7 = dispdata;                  /* 一の桁のセグメントライン設定*/
        P5 = 0x20;                      /* 一の桁の表示              */
    }
}
```

8.1.8 intp0_hdr

リスト 8.4 に示す intp0_hdr は，左側 SW の INTP0 割込みに対応した割込みハンドラです．SW が押されるたびに動作し，A/D 変換終了割込みの禁止・許可を制御します．

▼リスト 8.4　intp0_hdr

```
#pragma interrupt INTP0 intp0_hdr
__interrupt void intp0_hdr(void)
{
    ADMK ^= 1;                          /* A/D 変換終了割込みを反転   */
}
```

8.1.9 ハードウェアのイニシャライズ

ハードウェアのイニシャライズはリスト 8.5 のようになります．

▼リスト 8.5　ハードウェアのイニシャライズ

```
/* タイマのイニシャライズ */
    OSMC |= 0x10;       /* 15 kHz の低速オンチップ・オシレータ・クロックを選択    */
    RTCEN = 1;          /* インターバル・タイマにクロックを供給                */
    ITPR1 = 1;  ITPR0 = 0; /* インターバル・タイマの割込みレベルを2に設定 */
    ITMK = 0;           /* インターバル・タイマの割込みを許可                  */
    ITMC = 0x8000 + 15 - 1;  /* 1 ms 周期でインターバル・タイマをスタート  */

/* ポートのイニシャライズ */
    P1 = 0xFF;          /* LED0 ～ LED7 の消灯パターンを設定              */
    PM1 = 0x00;         /* LED0 ～ LED7 接続のポート 1 を出力に設定        */
    P7 = 0x40;          /* セグメントラインを "-" の表示に設定              */
    PM7 = 0x00;         /* セグメントライン接続のポート 7 を出力に設定        */
    P5 = 0x30;          /* 7 セグメント LED を消灯に設定                    */
    PM5 = 0xCF;         /* 7 セグメント LED 接続のポート 5 を出力に設定       */

/* A/D 変換器のイニシャライズ */
```

```
    ADCEN = 1;              /* A/D 変換器にクロックを供給              */
    ADS = 0x12;             /* ANI18 を選択                           */
    ADM1 = 0x20;            /* ソフトウェア・トリガ，ワンショット変換モード  */
    ADM2 = 0x01;            /* 8 ビット分解能                         */
    ADM0 = 0x23;            /* セレクトモード                         */
    ADPR1 = 1;  ADPR0 = 0;  /* A/D 変換終了の割込みレベルを 3 に設定    */
    ADMK = 0;               /* A/D 変換終了割込みを許可               */

/* INTP0 割込み端子のイニシャライズ */
    EGN0 = 0x01;                    /* INTP0 端子の立ち下りエッジ割込みを許可 */
    PPR10 = 0;  PPR00 = 1;          /* INTP0 端子の割込みレベルを 1 に設定   */
    PIF0 = 0;                       /* INTP0 割込み要求フラグをクリア        */
    PMK0 = 0;                       /* INTP0 割込みを許可                   */
```

8.1.10　コンフィギュレーション

　各タスクやイベントフラグ，データキューのコンフィギュレーションは以下のようになります．

　led_tsk と ad_tsk のコンフィギュレーションを図 8.3 と図 8.4 に示します．コンパイラのバージョンによっては異なる値が表示されるかもしれませんが，V1.72 ではスタック見積もりツール（Stack Usage Tracer）によると，led_tsk のスタックサイズは 20 バイト，ad_tsk のスタックサイズは 28 バイトとなっています．この数値に必要最小値の 116 バイトを加算した値（4 の n 倍の数値）で登録します．

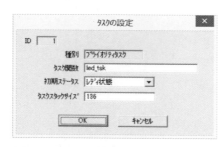

図 8.3　led_tsk のコンフィギュレーション

図 8.4　ad_tsk のコンフィギュレーション

　イベントフラグのコンフィグレーションを図 8.5 に示します．intad_hdr と ad_tsk の間のデータ受け渡しに利用していますので，OR 待ちとクリア指定ありで登録します．

　データキューのコンフィギュレーションを図 8.6 に示します．ad_tsk と led_tsk

図 8.5　イベントフラグのコンフィギュレーション　　図 8.6　データキューのコンフィギュレーション

の間のデータ受け渡しに利用しており，両タスクの同期をとる必要がありますので，データ数は 0 で登録します．

▼ 演習問題 ……………………………………………………………………………………

8.1　7 セグメント LED 制御システムのコンフィギュレーションについて，イベントフラグの属性でクリア指定がなかったときの動作を考えください．また，データキューのデータ数が 100 個のときの動作を考えてください．

………………………………………………………………………………………………

8.2　RL78 マイコンの割込みレベル

　この節では，RL78 マイコンの割込みレベルの考え方を紹介します．その理由は，RL78 マイコンの割込みレベルの考え方がほかのマイコンと比べると多少特殊であることと，割込みレベルがリアルタイム OS においてはカーネルマスクレベルやスタックサイズの計算に大きく関係しており，非常に重要だからです．そこで，次節でカーネルとの関係を紹介する前に，RL78 マイコンそのものの割込みレベルの考え方を説明します．

8.2.1　優先順位指定フラグ・レジスタ

　RL78 マイコンのハードウェアマニュアルでは，割込みレベルのことを割込み優先順位レベルとよんでおり，図 8.7 に示す優先順位指定フラグ・レジスタ（PR00L，PR00H，PR01L，PR01H，PR02L，PR02H，PR10L，PR10H，PR11L，PR11H，PR12L，PR12H）に設定します．各割込みのレベルは，同じ名前の優先順位指定フラグ・レジスタの PR1 側（PR10L，PR10H，PR11L，PR11H，PR12L，PR12H）と PR0 側（PR00L，PR00H，PR01L，PR01H，PR02L，PR02H）の同

PR00L, PR00H, PR01L, PR01H, PR02L, PR02H

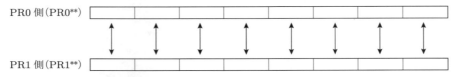

図 8.7 優先順位指定フラグ・レジスタ

じビット位置に分かれており，PR1 側と PR0 側を合わせて合計 2 ビットで表現します．
どの 2 ビットが，どの割込みのレベルに対応しているかは使用する RL78 マイコン
の種別によって異なります．詳しくは使用する RL78 マイコンのハードウェアマニュ
アルを参照ください．

いずれにしても合計 2 ビットありますので，各割込みのレベルは 10 進数に換算す
ると，0〜3 の 4 種類が指定でき，重要なことは表 8.2 に示すように値の小さいほう
が高い割込みレベルとなっていることです．また，優先順位指定フラグ・レジスタの
各ビットの初期値は 1 であるため，割込みレベルのデフォルトは低優先順位のレベ
ル 3 に設定されています．

表 8.2 優先順位指定フラグ・レジスタのフォーマット

PR1**	PR0**	10 進換算した値	割込みレベルの選択
0	0	0	レベル 0 を指定（高優先順位）
0	1	1	レベル 1 を指定
1	0	2	レベル 2 を指定
1	1	3（デフォルト）	レベル 3 を指定（低優先順位）

注：** は 0L，0H，1L，1H，2L，2H

8.2.2 プログラム・ステータス・ワード（PSW）

割込み要求が発生した場合，それが CPU に受け付けられるかどうかは，図 8.8 に
示す CPU 内部レジスタのプログラム・ステータス・ワード（PSW）の値で決まります．
まず，7 ビット目の割込み許可フラグ（IE）は必ず 1 でなければなりません．IE
= 0 のときは割込み禁止状態であり，マスク可能な割込みはすべて禁止されています．
一方，IE = 1 のときは割込み許可状態です．その際は 2 ビット目と 1 ビット目のイ
ンサービス・プライオリティ・フラグ（ISP1，ISP0），いい換えれば割込みマスク
レベルと先に紹介した優先順位指定フラグ（PR1**，PR0**）の割込みレベルが比
較され，ISP1，ISP0 ≧ PR1**，PR0** の条件が成立していれば受け付けられます．

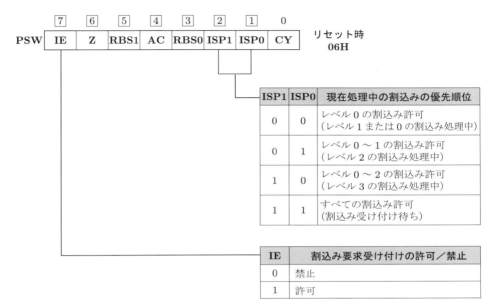

図 8.8 プログラム・ステータス・ワード（PSW）

　ここで注意すべきことは，割込みレベルの比較条件に＝の等号が含まれていることです．つまり，PSW にセットされている ISP1，ISP0 の割込みマスクレベルと PR1**，PR0** にセットした割込みレベルが同一であっても，その割込み要求は受け付けられるということです．この内容をまとめると，表 8.3 のようになります．

　結果，割込みレベル 0 の割込み要求は PSW の IE が 1 である限り，PSW の ISP1，ISP0 がどのような値であってもマスクすることはできません．

表 8.3　受付可能な割込み要求

割込み要求　　PSW の値	割込みレベル 0 PR1**,PR0** = 00		割込みレベル 1 PR1**,PR0** = 01		割込みレベル 2 PR1**,PR0** = 10		割込みレベル 3 PR1**,PR0** = 11	
IE	IE = 1	IE = 0	IE = 1	IE = 0	IE = 1	IE = 0	IE = 1	IE = 0
ISP1,ISP0 = 00	○	×	×	×	×	×	×	×
ISP1,ISP0 = 01	○	×	○	×	×	×	×	×
ISP1,ISP0 = 10	○	×	○	×	○	×	×	×
ISP1,ISP0 = 11	○	×	○	×	○	×	○	×

8.2.3 割込み要求の受付動作

　割込み要求が受け付けられると，プログラム・ステータス・ワード（PSW），プログラム・カウンタ（PC）の順に内容をスタック領域に退避し，PSW の IE に 0 をセットして割込み禁止状態とし，受け付けた割込み要求の優先順位指定フラグの内容（PR1**，PR0**）を PSW の ISP1, ISP0 へ転送後，割込みに対応したプログラムを実行します．ただし，PSW の ISP1, ISP0 に転送される値は，受け付けた割込み要求の PR1**，PR0** の値そのものではありません．設定値から 10 進数換算で 1を減算した値が転送されます．つまり，図 8.9 に示すとおり，割込みレベル 3 を受け付ければ割込みマスクレベルは 2, 2 を受け付ければ 1, 1 を受け付ければ 0 となります．ただし，割込みレベル 0 を受け付ければ割込みマスクレベルは −1 にはならず，0 のままとなります．

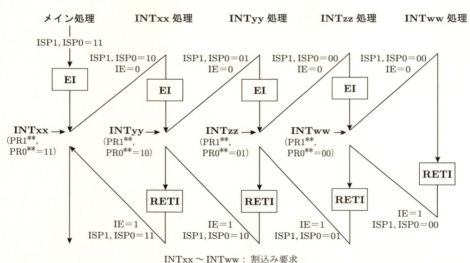

INTxx ～ INTww：割込み要求
EI：PSW の IE に 1 を設定する命令
RETI：割込みを終了し，割込み受け付け時の状態に復帰する命令

図 8.9　多重割込みの動作

　これがほかのマイコンとは異なる RL78 マイコンの特徴です．割込みレベル 0 の割込み要求を受け付けても，割込みマスクレベルは 0 のままですから，もし PSW の IE を 1 として割込み許可状態にしてしまうと，同じ割込みレベル 0, 極端な話であれば自分自身の割込み要求を受け付けてしまうのです．したがって，RL78 マイコンにおいては割込みレベル 0 の割込み処理内で PSW の IE を 1 の割込み許可状態にしてはなりません．

8.3　Smalight OS との関係

　この節では，RL78 マイコンの割込みレベルが Smalight OS とどのような関係になっているのかを説明します．

8.3.1　カーネルマスクレベル

　前節で紹介した RL78 マイコンの割込みレベルは，3.3.5 項で紹介したカーネルマスクレベルに関係しています．図 8.10 に，コンフィギュレータにおけるカーネルマスクレベルの設定画面を示します．

図 8.10　カーネルマスクレベルの設定画面

　Smalight OS では，カーネル処理中にマスクする割込みレベルをカーネルマスクレベルとよんでいます．この設定値はシステムの都合に応じて任意に指定でき，図 8.10 のようになっています．ただし，設定値を見ると，一つ疑問に思う点があります．それはレベル 3 の設定が存在しないことです．

　その理由は，それ程難しくはありません．まず，カーネルマスクレベルは PSW のインサービス・プライオリティ・フラグである ISP1, ISP0 に設定される値であることです．表 8.3 を見ればわかりますが，ISP1, ISP0 の値が 2 進数 11，10 進換算で 3 の場合，マスクできる割込みレベルは一つもありません．つまり，まったく割込みをマスクしていないのと同じですから，カーネルマスクレベルにレベル 3 は存在しないのです．逆にいえば，Smalight OS では，タスク動作中の割込みマスクレベルをすべての割込み要求が受付可能であるレベル 3 としています．

8.3.2 割込みハンドラの分類

　カーネルマスクレベルの変更に伴い，影響を受けるのは，割込みハンドラの記述方法です．3.3.5 項で紹介したとおり，カーネルマスクレベルより高いレベルの割込みハンドラは disp 無割込みハンドラとして記述する必要があります．一方，カーネルマスクレベル以下の割込みハンドラは disp 有割込みハンドラとして記述する必要があります．

　比較的簡単に思える上記の説明ですが，RL78 マイコンの場合は注意が必要です．その注意点は二つあり，一つは値の小さいほうが高い割込みレベルであることで，もう一つは割込みの受付条件であるレベルの比較に＝の等号が含まれていることです．ここは間違えやすいので，表 8.4 に具体的な内容をまとめました．考え方としては，カーネルマスクレベルの値を PSW の ISP1, ISP0 に設定した際，マスクされる割込みレベルとマスクされない割込みレベルに分ければよいのです．表 8.4 は表 8.3 と一緒に見るとわかりやすいかもしれません．

表 8.4　カーネルマスクレベルと割込みハンドラの関係

カーネルマスク　　　　レベル 割込み要求	レベル 0	レベル 1	レベル 2
割込みレベル 0	disp 無割込みハンドラ	disp 無割込みハンドラ	disp 無割込みハンドラ
割込みレベル 1	disp 有割込みハンドラ	disp 無割込みハンドラ	disp 無割込みハンドラ
割込みレベル 2	disp 有割込みハンドラ	disp 有割込みハンドラ	disp 無割込みハンドラ
割込みレベル 3	disp 有割込みハンドラ	disp 有割込みハンドラ	disp 有割込みハンドラ

8.3.3 disp 有割込みハンドラの動作環境

　カーネルマスクレベル以下の割込みハンドラである disp 有割込みハンドラは，リスト 8.6 のように宣言し，動作環境は以下のようになっています．

▼リスト 8.6　disp 有割込みハンドラの宣言

```
#pragma rtos_interrupt 割込み要因名 割込みハンドラ名

__rtos_interrupt void 割込みハンドラ名 (void)
{

}
```

- PSW の IE ：IE ＝ 1 の割込み許可状態で実行されます．
- スタック領域：各割込みレベルに対応したスタック領域に切り替えられています．

disp 有割込みハンドラは PSW の IE が 1 の割込み許可状態で実行されます．したがって，自身より高いレベルの割込みが発生すれば，その割込みに遷移します．また，スタック領域は各割込みレベルに対応したものに切り替えられています．具体的には，リスト 8.7 に示す stack.asm（アセンブラソース）で確保されている三つの領域のどれかに切り替えられています．

▼リスト 8.7　disp 有割込みハンドラのスタック領域

```
; ----------------------------------------
;           Interrupt stack
; ----------------------------------------
@@intsB DSEG   UNIT
_intstack_top:
    DS     80H         ; for LV0 interrupt
_intstackLV0:
    DS     80H         ; for LV1 interrupt
_intstackLV1:
    DS     80H         ; for LV2 interrupt
_intstackLV2:
```

「DS 80H」のアセンブラ制御命令で確保されている三つの領域が disp 有割込みハンドラ用のスタック領域です．コメントに LV0，LV1，LV2 の interrupt とありますが，これは当該の割込み要求を受け付けたあとの割込みマスクレベルを意味しています．つまり，割込みレベルで分類すれば，以下のようになります．

- LV0 interrupt ⇒ 割込みレベル 1 の disp 有割込みハンドラが使用するスタック領域
- LV1 interrupt ⇒ 割込みレベル 2 の disp 有割込みハンドラが使用するスタック領域
- LV2 interrupt ⇒ 割込みレベル 3 の disp 有割込みハンドラが使用するスタック領域

デフォルトは割込みレベルごとに 80H（16 進数の 80）の 128 バイトを確保していますが，次項の内容に従って適切な数値に変更する必要があります．また，使用しない割込みレベルのスタック領域は確保する必要はありません．アセンブラ制御命令は

削除しても構いませんが，シンボルは削除せずにそのまま残してください．もしシンボルまで削除してしまうと，ビルド時にエラーとなってしまいます．

8.3.4 disp 有割込みハンドラのスタックサイズ

タスクが使用するスタック領域にはサイズの計算式があるように，割込みハンドラが使用するスタック領域にもサイズの計算式があります．表 8.5 に disp 有割込みハンドラのスタックサイズの計算に必要な項目とサイズを示します．表 8.5 に示す項目の中で該当する項目の合計値が必要なスタックサイズとなります．

表 8.5 disp 有割込みハンドラのスタックサイズ

項番	項 目	サイズ
1	割込みハンドラ自身の使用分	スタック見積もりツールで算出
2	必須分	2 バイト
3	自身より優先順位の高い disp 有割込みハンドラの使用	58 バイト
4	disp 無割込みハンドラの使用	4 バイト

なお，同一の割込みレベルであれば，スタック領域は共通です．したがって，同一の割込みレベルに複数の disp 有割込みハンドラが存在する場合，スタック見積もりツールに表示された数値の中で一番サイズの大きな disp 有割込みハンドラのサイズのみ計算すればよいことになります．

sample7 の 7 セグメント LED 制御システムにおける disp 有割込みハンドラのスタックサイズの計算例を示します．なお，リスト 8.6 から各割込みハンドラの割込みレベルは理解できますので，算出に必要となる情報については表 8.6 に示しておきます．

- LV0 interrupt ⇒ 未使用（0 バイト）
- LV1 interrupt ⇒ 16 ＋ 2 ＋ 　　　 4 ＝ 22（16 進 16H）バイト
- LV2 interrupt ⇒ 18 ＋ 2 ＋ 58 ＋ 4 ＝ 82（16 進 52H）バイト

表 8.6 算出に必要な情報

項 目	内 容
カーネルマスクレベル	レベル 1
intTim（disp 有割込みハンドラ）	割込みレベル 2，スタック見積もり結果：16 バイト
intad_hdr（disp 有割込みハンドラ）	割込みレベル 3，スタック見積もり結果：18 バイト
intp0_hdr（disp 無割込みハンドラ）	割込みレベル 1，スタック見積もり結果：0 バイト

　LV0 interrupt のスタック領域は必要ありません．カーネルマスクレベルがレベル1の場合，割込みレベル1はdisp無割込みハンドラとなるからです．また，LV1とLV2 interrupt のスタックサイズの値ですが，両者で異なる部分は表8.5の項番3です．割込みレベル3から見ると，自身の割込みレベルより高い割込みレベル2のdisp有割込みハンドラが存在します．一方，割込みレベル2から見ると，自身の割込みレベルより高い割込みレベル1のdisp有割込みハンドラは存在しません．存在しているのはdisp無割込みハンドラであり，disp有割込みハンドラではありません．この結果，7セグメントLED制御システムのdisp有割込みハンドラのスタック領域はリスト8.8のようになります．

▼リスト8.8　7セグメントLED制御システムのdisp有割込みハンドラのスタック領域

```
; --------------------------------------
;         Interrupt stack
; --------------------------------------
@@intsB DSEG  UNIT
_intstack_top:
_intstackLV0:
    DS     16H           ; for LV1 interrupt
_intstackLV1:
    DS     52H           ; for LV2 interrupt
_intstackLV2:
```

8.3.5　disp 無割込みハンドラの動作環境

　カーネルマスクレベルより高いレベルの割込みハンドラである disp 無割込みハンドラは，リスト8.9のように宣言し，動作環境は以下のようになっています．

▼リスト8.9　disp無割込みハンドラの宣言

```
#pragma interrupt 割込み要因名 割込みハンドラ名 [SP=配列名+サイズ]
                                            [RB1/RB2/RB3]

unsigned short 配列名[サイズ/2];      /* 割込みハンドラ用スタック領域 */

__interrupt void 割込みハンドラ名(void)
{

}
```

- PSW の IE 　　：IE＝0 の割込み禁止状態で実行されます．
- スタック領域：使用する場合，SP＝ でスタック領域を切り替えます（推奨）．
- バンク 　　　　：RB1/RB2/RB3 へのレジスタバンクの切り替えが可能です．

disp 有割込みハンドラと異なり，disp 無割込みハンドラは PSW の IE が 0 の割込み禁止状態で起動します．割込みレベルが 0 だと NG ですが，割込みレベルが 0 以外の disp 無割込みハンドラであれば，EI 関数を使って多重割込みを許可することが理論上は可能です．また，SP ＝の指定によるスタック領域の切り替えや RB1/RB2/RB3 の指定によるレジスタバンクの切り替えは，任意に指定することが可能です．つまり，disp 無割込みハンドラは，サービスコールなどの Smalight OS の機能が使えない代わりに RL78 マイコン固有の機能が使えるようになっています．

ただし，その RL78 マイコン固有の機能，たとえば多重割込みを許可するなどを行ってしまうと，スタックサイズの計算が複雑になり，すでに説明した disp 有割込みハンドラのスタックサイズの計算式にも影響を与えます．もともと，disp 無割込みハンドラはカーネル管理外の割込みですから，リアルタイム性などを重視するのであれば，使用は控えめにしたほうがよいのです．そこで，disp 無割込みハンドラは多重割込みを許可せず，無条件でスタック領域を切り替える記述を推奨します．

その場合，レジスタバンクはどこに切り替えても構いません．また，切り替え先のスタックサイズは，スタック見積もりツールの表示結果がそのまま利用できます．表8.5 の項番 4 は，この条件で disp 無割込みハンドラを記述したときの数値となっていますので，これ以外の条件で使用する場合は数値の再考が必要です．

リスト 8.10 に intp0_hdr の disp 無割込みハンドラの改良版を示します．スタック見積もりツールに表示されたスタックサイズが 0 以外の場合は，以下の形式で disp 無割込みハンドラを記述してください．リスト 8.10 は，intp0_hdr のスタックサイズが 10 バイトであったとして記述しています．

▼リスト 8.10　intp0_hdr の改良版

```
#pragma interrupt INTP0 intp0_hdr sp=stack+10 RB1

unsigned short stack[10/2];

__interrupt void intp0_hdr(void)
{
    ADMK ^= 1;                          /* A/D 変換終了割込みを反転    */
}
```

▼ 演習問題 ···

8.2 7 セグメント LED 制御システムで使用している割込み関係の情報が以下の表
8.7 の内容であった場合の LV0，LV1，LV2 interrupt のサイズを求めてください.

表 8.7　割込み関係の情報

項　目	内　容
カーネルマスクレベル	レベル 0
intTim（disp 有割込みハンドラ）	割込みレベル 2，スタック見積もり結果：16 バイト
intad_hdr（disp 有割込みハンドラ）	割込みレベル 2，スタック見積もり結果：18 バイト
intp0_hdr（disp 無割込みハンドラ）	割込みレベル 0，スタック見積もり結果：0 バイト

ソフトウェア開発ツール

　ここでは，RL78 マイコンの開発環境の使い方をまとめました．入手方法など
は付録 B にまとめてあります．

A.1　統合開発環境

　RL78 マイコン上で Smalight OS を使ったシステムを作るときは，ルネサスエレ
クトロニクス社製の CS+ を使います．CS+ は，コンパイラやリンカのほかに，ア
センブラ，ソースファイルを書くためのエディタ，デバッグ用のインタフェースを統
合したソフトウェアであり，一度起動すれば組込みマイコン用プログラム開発のすべ
ての作業をこなせるように作られています．つぎに説明する E1 エミュレータとも連
携しています．付録 B に紹介するように，マイコンや OS の勉強用として，CS+ の
無償評価版を入手することができます．

　CS+ では，プロジェクトという単位で仕事をします．プロジェクトごとに専用の
フォルダが作られ，そのプロジェクトがひとまとまりのプログラムを表します．この
節では，プロジェクト作成からビルドまでの手順を説明します．

　なお，RL78 マイコンが扱える CS+ は，2017 年時点で 2 バージョンが入手可能です．
両者の違いはコンパイラにあり，旧バージョンのコンパイラが CA78K0R（CS+ for
CA, CX），新バージョンのコンパイラが CC-RL（CS+ for CC）です．RL78 マイ
コン用の Smalight OS が対応しているのは旧バージョンの CS+ for CA, CX です．
CS+ を入手する際はコンパイラが CA78K0R であることを確認してください．

A.1.1　CS+ のプロジェクト設定

　CS+ を使う場合，普通は最初にプロジェクトを作成してシステムを構成するファイ
ルを登録します．しかし，Smalight OS ではヘッダファイルやコンフィギュレーション
ファイルの呼び出し関係が複雑であり，各種のオプション設定も必要ですから，自分で

プロジェクトを構成するのは大変です．そこで購入した Smalight OS に用意されているサンプルのテンプレート（u-ap.mtpj）を流用して自分用のプロジェクトを作ります．

その手順ですが，まずは単純にスタートメニューから CS+ を起動します．そうすると，図 A.1 のようなウィンドウが開きます．なお，CS+ をはじめて使う際はこのウィンドウの手前にワンポイントアドバイスのダイアログが開くはずですが，プロジェクト作成には不要ですから閉じてしまってかまいません．

図 A.1　CS+ を起動したところ

CS+ が起動したら，画面中央の「新しいプロジェクトを作成する」の Go ボタンを実行します．そうすると，図 A.2 のダイアログが開きますので，以下に示す必要な項目を入力します．「マイクロコントローラ」は「RL78」，「使用するマイクロコントローラ」は「RL78/G14（ROM:256KB）」の「R5F104LJ（64pin）」を選択します．「プロジェクトの種類」は「アプリケーション（CA78K0R）」を選択し，「プロジェクト名」と「作成場所」は任意の名前と場所を入力してかまいません．そして，「プロジェクト名のフォルダを作成する」，「既存のプロジェクトのファイル構成を流用する」，「プロジェクト・フォルダ以下の構成ファイルをコピーして流用する」の三つのチェックボックスを ON にし，「流用元のプロジェクト」には購入した Smalight OS のフォルダ内にある「u-ap.mtpj」のテンプレートを指定し，「作成」ボタンでプロジェクト作成を行います．

図 A.3 がプロジェクトを生成した状態の画面です．画面の左側にあるプロジェクト・ツリーでわかるように，テンプレートの「u-ap.mtpj」から必要なファイルがコピーされています．ただし，ソースファイル一つと Smalight OS のライブラリファイルが足りません．

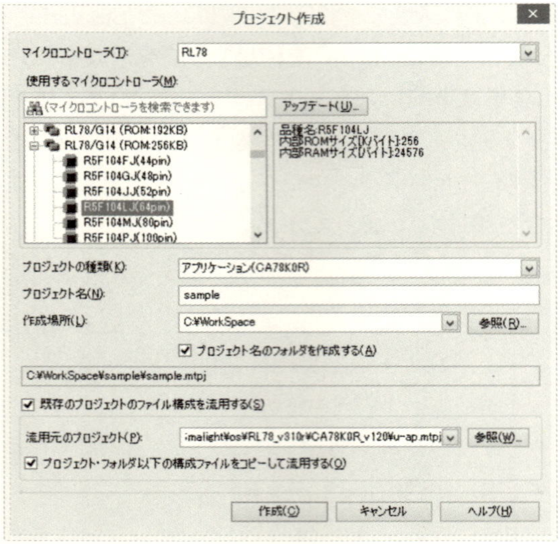

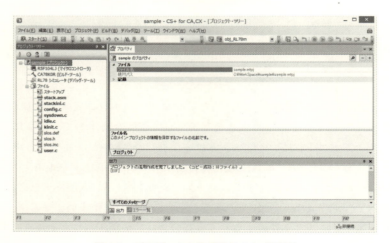

図 A.2　プロジェクト作成のダイアログ

図 A.3　プロジェクト作成後の CS+ の画面

　ソースファイルのほうは，main 関数が記述されたものです．Smalight OS のマニュアルでは，main 関数は CS+ のコード生成機能を利用して作成する旨が記載されていますが，コード生成機能も慣れるまでには時間がかかります．そこで，リスト A.1 に main 関数のサンプルを示しますので，作成したプロジェクトに追加してください．

　ソースファイルの追加は，図 A.4 に示すようにプロジェクト・ツリーにあるファイルのフォルダを右クリックし，表示されたポップアップ・メニューから，「追加」，「新

▼リスト A.1　main 関数のサンプル

```
#pragma DI
#include "slos.h"

void main(void)
{
    DI( );
    slos_init( );
    while( 1 )  {
    }
}
```

図 A.4　ソースファイルの追加

しいファイルを追加」のコマンドを実行します．表示されたファイル追加のダイアロ
グでファイル名を指定して OK すれば，目的のファイルがプロジェクトに追加され
ます．ファイル名は何でもよいのですが，main 関数を記述するので単純に「main.c」
としています．

　Smalight OS のライブラリファイルは，インストールした Smalight OS のフォル
ダからコピーしてください．具体的には，5.1.1 項のリスト 5.1 で紹介した smalight-
os フォルダに存在する三つのフォルダです．そのまま作成したプロジェクトのフォ
ルダにある同じ smalight-os フォルダにコピーします．

　それ以外のものは作成したプロジェクトにはすでに user.c と config.c，kinit.c な
どが登録されていますので，第 4 〜 8 章の演習を行うことができます．プロジェクト・
ツリーに表示されているファイル名をダブルクリックすると，エディタ・パネル（CS+
では各ウィンドウをパネルとよぶ）にそのファイルが開かれますので，エディタ・パ

ネルに user.c を開いて，その中にユーザが作るタスクを書き込みます．

　なお，CA78K0R のコンパイラでは，内蔵機能のレジスタ操作は #pragma sfr を宣言して行うことになっています．この宣言を行うことで，ハードウェア・マニュアル上に記載されているレジスタ名，□の記号が記載されているビット名をプログラムでも使用することが可能となっています．

A.1.2　オプションの設定

　CS+ では，コンパイルとリンクを一括して実行する作業を「ビルド」とよびます．ソースファイルが出来上がってビルドを行う前に，コンパイラとリンカのオプションを設定します．オプションの設定は，プロジェクト・ツリーにある「CA78K0R（ビルド・ツール）」をダブルクリックし，エディタ・パネルに表示された「CA78K0R のプロパティ」で行うことができます．必要なオプションはテンプレートである程度設定されていますが，注意する点が二つあります．

（1）オプション・バイト

　次節で紹介する E1 エミュレータを使ってデバッグを行う場合は，「リンク・オプション」のタブにある「オンチップ・デバッグ・オプション・バイト制御値」を変更する必要があります．図 A.5 に示すように，目的のオプションは「リンク・オプション」のタブ，カテゴリは「デバイス」にあります．初期値の 04 では E1 エミュレータなどのオンチップ・デバッガが動作禁止となりますので，設定値を 84 に変更してオンチップ・デバッガを動作許可とします．

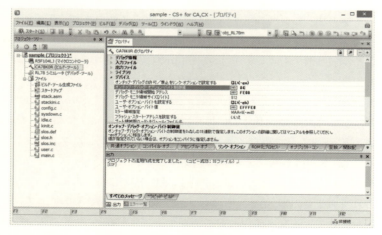

図 A.5　オプション・バイト

(2) ビルド・モード

　図 A.6 に示す「共通オプション」のタブにある「ビルド・モード」は，図 A.7 に示す「コンパイル・オプション」の「メモリ・モデル」など，複数のオプションを一度に変更可能なオプションです．とくに「メモリ・モデル」は，使用する RL78/G14 のメモリ空間を指定する重要なオプションです．というのも，RL78 マイコンはメモリ空間が 64 キロバイトを超えるか超えないかで命令が大きく変化するからです．そこで，ROM と RAM がともに 64 キロバイト以内であれば「スモール・モデル」，ROM だけが 64 キロバイトを超えるのであれば「ミディアム・モデル」，ROM と RAM がともに 64 キロバイトを超えるのであれば「ラージ・モデル」とし，メモリ空間に応

図 A.6　ビルド・モード

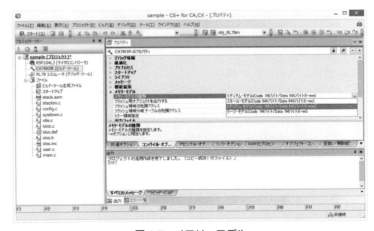

図 A.7　メモリ・モデル

じた適切な命令を生成できるようになっています.

　ただし，現状の RL78 マイコンの中で RAM が 64 キロバイトを超えているものは
ありません．したがって，ラージ・モデルは使用する機会がありません．また，本書
で紹介した I/O 演習ボードは ROM が 256 キロバイトですから，そのまま使用する
ならばデフォルトのミディアム・モデルでもよいのですが，全体のプログラムの使用
メモリ量が 64 キロバイト以内であれば，スモール・モデルを使用することも可能です.
それと Web サイトからダウンロードできる Smalight OS のサンプルは，スモール・
モデルのみの対応となっていますので，ダウンロード版を利用される方は必ずスモー
ル・モデルを選択してください.

　以上のように，「メモリ・モデル」はプログラムの効率が変化する重要なオプショ
ンです．また，「メモリ・モデル」のオプションは，「ビルド・モード」を変更するこ
とで自動的に変化します．図 A.6 に示す「ビルド・モード」の三つの設定がおのおの，
「メモリ・モデル」の「ラージ・モデル」，「ミディアム・モデル」，「スモール・モデル」
に対応しています．使用する RL78 マイコンのメモリ容量やプログラム全体の使用
メモリ量に合わせて，適切な設定に変更してください.

A.1.3　ビルドの手順

　CS+ でプロジェクトの準備が整い，ソースプログラムの入力が終わったらビルド
を実行します．もし自分で作成や変更したファイルについてソースプログラムの文法
チェックを行いたいのであれば，個別にコンパイルを実行しても構いません．ただし，
画面下側の出力パネルに表示されるメッセージを必ず確認してください．英語で表示
されますが，意味はわかると思います．コンパイル段階のエラーは，エラー表示の行
でダブルクリックすると，エディタ・パネルが開いて該当する行にカーソルが置かれ
ますので，そのまま修正できます.

　また，ソースプログラムごとのコンパイルではなく，システム全体のビルドを実行
するのであれば，「ビルド・メニュー」の「ビルド・プロジェクト」をクリックするか，
または F7 キーを入力します．エラー（error と表示される）は必ず修正する必要が
あります．ワーニング（warning と表示される）は修正が必要なものと不要なもの
があり判断を要しますが，可能ならば修正したほうがよいでしょう.

　エラーが発生しなければ，smalight フォルダの下に生成されるビルド・モードに
合わせた obj_RL78l，obj_RL78m，obj_RL78s の三つのフォルダのどれかにロード
モジュール（拡張子 .lmf）が生成されます．同時に生成されるマップファイル（拡
張子 .map）には，第 5 章で説明したように，生成されたプログラムのメモリ上の割

表 A.1　ビルド時のおもな生成ファイル

ファイルの拡張子	内　容
***.asm	コンパイル結果のアセンブラソースファイル
***.rel	コンパイル結果のオブジェクトファイル
***.lib	ライブラリ
***.lmf	機械語のロードモジュール
***.map	リンク時のアドレス割り付けなど各種情報

り付け情報が表示されています．その他には，表 A.1 に示すファイルが CS+ によっ
て管理・生成されています．

A.2　エミュレータ

　ルネサス製の E1 エミュレータ（図 A.8）は数多くの機能をもっていますが，この
節では，基本的なデバッグの手法に絞って説明します．さらに詳しい使い方に関して
はオンラインマニュアルを見てください．E1 エミュレータは CS+ から操作します．

図 A.8　E1 エミュレータ

A.2.1　シミュレータの接続

（1）デバッグ・ツールの設定

　最初にデバッグ・ツールの設定を行います．プロジェクト・ツリーを見るとわかり
ますが，プロジェクト生成時，デバッグ・ツールは「RL78 シミュレータ（デバッグ・
ツール）」が選択されています．そこで図 A.9 のように，「RL78 シミュレータ（デバッ
グ・ツール）」を右クリックし，「使用するデバッグ・ツール」,「RL78 E1（Serial）」
を選択し，デバッグ・ツールを変更します．

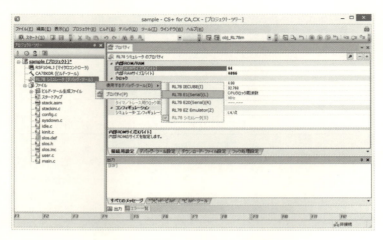

図 A.9　デバッグ・ツールの設定

（2）RL78 E1（Serial）のプロパティ

　I/O 演習ボードは USB ポートより電源を供給する構造になっています．E1 エミュ
レータを使用する際は，E1 エミュレータから電源供給を行うようにします．プロジェ
クト・ツリーの「RL78 E1（Serial）（デバッグ・ツール）」をダブルクリックすると，
エディタ・パネルに「RL78 E1（Serial）のプロパティ」が表示されますので，図 A.10
に示すように「ターゲット・ボードとの接続」のカテゴリにある「エミュレータから
電源供給する（最大 200mA）」の設定を「はい」に変更します．

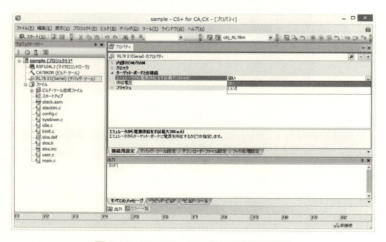

図 A.10　E1 エミュレータからの電源供給

A.2.2 ユーザプログラムのダウンロードと実行

（1）ユーザプログラムのダウンロード

ユーザプログラムをターゲットである CPU ボードにダウンロードするためには，以下の三つの操作が必要です．

① ビルドを実行する

② ターゲットをエミュレータに接続する

③ ターゲットにユーザプログラムをダウンロードする

また，これらの操作を行うためのコマンドを図 A.11 に示します．

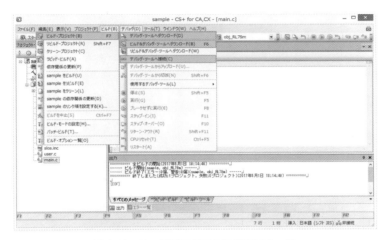

図 A.11　ユーザプログラムのダウンロード

すでに紹介済みですが，①のビルドだけを単独で実行するのは「ビルド・メニュー」の「ビルド・プロジェクト」または F7 キーです．同様に，②のエミュレータへの接続だけを単独で行うのは「デバッグ・メニュー」の「デバッグ・ツールへ接続」であり，③のユーザプログラムのダウンロードだけを単独で行うのは「デバッグ・メニュー」の「デバッグ・ツールへダウンロード」です．また，②のエミュレータへの接続は 1 度だけで実行すればよく，あとはプログラムの修正に伴い，適宜①と③を繰り返せばよいでしょう．

また，①から③の操作をまとめて実行するのが，「デバッグ・メニュー」の「ビルド＆デバッグ・ツールへダウンロード」または F6 キーです．これは便利な機能であり，ビルドが実行されていなければビルドを実行する，エミュレータへの接続が行われていなければ接続を実行する，といったように現在の状態から最終的にはユーザプログラムのダウンロードまでを実行します．したがって，プログラムを作成または修正したら，常に F6 キーを入力すればよいでしょう．

（2）プログラムの実行

　図 A.12 がユーザプログラムをダウンロードした直後の CS+ の画面です．CS+ では，ユーザプログラムをダウンロードすると，自動的にリセット状態からプログラムが実行され，main 関数の先頭で停止するようになっています．

　また，プログラムの状態を確認するための各種パネルのうち，ローカル変数・パネルと CPU レジスタ・パネルは自動的に表示されています．それ以外のパネルに関しては，表示メニューから必要に応じて表示してください．

　必要なパネルを表示したら，プログラムを実行します．プログラムの実行は，図 A.13 に示すように，「デバッグ・メニュー」の「実行」または F5 キー，さらには実行ア

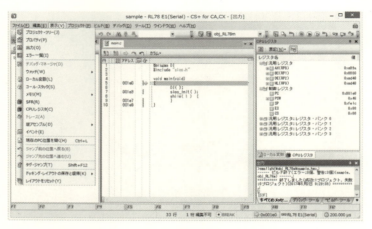

図 A.12　ユーザプログラムのダウンロード後の状態

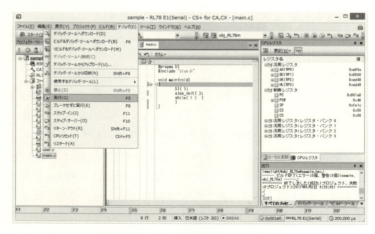

図 A.13　ユーザプログラムの実行

イコン（緑の三角マーク）で行うことが可能です.

A.2.3　デバッグ

（1）ブレークポイント

- ブレークポイントの設定

  メイン・エリア（手のマークがあるカラム）の設定したい行の位置でシングルク
  リックすると，図 A.14 のように手のマークが表示されてブレークポイントが設
  定されます.

- ブレークポイントの削除

  設定された手のマークをシングルクリックすると，ブレークポイントは削除され
  ます.

　ブレークポイントは図 A.14 のようにアドレスが表示されている行にのみ設定でき
ます.ブレークポイントを設定してある場合，実行が設定行までくるとブレーク（一
時停止）します.このとき，ブレークした行は，まだ実行されていないことに注意し
てください.ブレーク後，ステップ実行をすることでブレークポイントを設定した行
の実行結果を確認できます.

　プログラムが走っているときに強制的にブレークする場合は,「デバッグ・メニュー」
の「停止」または Shift＋F5 キー,さらには強制停止アイコン（赤いストップマーク）
をクリックします.

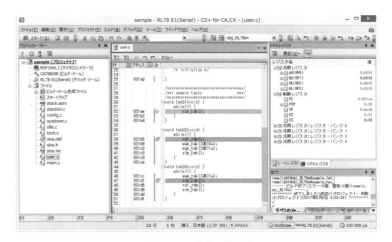

図 A.14　デバッグ画面

（2）プログラムのステップ実行

　メニューバーのステップ実行アイコン（図A.15）をクリックすると，現在のPC位置から1行ずつ実行されます.

各アイコンの意味

- ステップ・イン 🔲
  関数呼び出しの行では，呼び出した関数の中に入ってステップ実行します.

- ステップ・オーバー 🔲
  現在いる関数の中だけステップ実行します（呼び出した関数の中はステップ実行ではなく，一気に実行します）.

- リターン・アウト 🔲
  現在いる関数を終わりまで一気に実行して，この関数を呼び出した関数に戻ります.

図A.15　ステップ実行アイコン

（3）状態表示

CPUレジスタ内容の確認

　「表示・メニュー」の「CPUレジスタ」で，CPU内部レジスタがCPUレジスタ・パネルに表示されます.

> 注：表示内容はプログラムの実行後，ブレークなどで中断したときに更新されます. そのとき変化があったレジスタの値は茶色で表示されます（この色の変化は，メモリ，SFRなどで共通です）.

CPUレジスタ内容の変更

　CPUレジスタ・パネルで変更したいレジスタの値をダブルクリックします. 値が入力可能となりますので，設定したい値を直接入力します（この方法は，メモリ，SFRなどで共通です）.

内蔵機能制御レジスタの表示と変更

　「表示・メニュー」の「SFR」で内蔵機能制御レジスタがSFR・パネルに表示されます.

メモリ内容の表示と変更

　「表示・メニュー」の「メモリ」でメモリの内容がメモリ・パネルに表示されます.

◦ 変数の表示と変更

　変数の表示パネルは，グローバル変数（大域変数）とローカル変数（局所変数）で異なります．グローバル変数であれば，「表示・メニュー」の「ウォッチ」でウォッチ・パネルを表示し，そのパネルにグローバル変数を登録して値の参照や変更を行います．なお，ウォッチ・パネルには，CPU レジスタや内蔵機能制御レジスタ，メモリなども登録することができます．

　ローカル変数は，「表示・メニュー」の「ローカル変数」でローカル変数・パネルに表示されます．

注：どちらもプログラムの実行が中断したときに正しい値が表示されます．また，ローカル変数は通用範囲外にあると表示されません．さらに，プログラムの停止場所によっては，最適化の影響で値が表示されないこともあります．

（4）終了

　エミュレータを使用したデバッグだけを終了したい場合は，「デバッグ・メニュー」の「デバッグ・ツールから切断」を実行すると，エミュレータに接続前の画面に戻ります．

A.3　I/O 演習ボード

　第 6 ～ 8 章で使用している I/O 演習ボードの主要な I/O を図 A.16 に示します．各 I/O は表 A.2 のように RL78/G14 のポート 5，7，8 に接続しています．表中で P57 とあるのは，ポート 5 のビット 7 を表します．

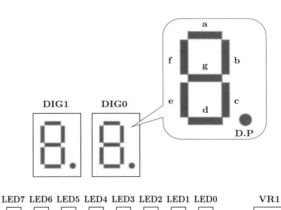

図 A.16　I/O 演習ボードの主要な I/O

表 A.2　I/O 演習ボードの端子割り当て

RL78/G14		I/O		入出力	論　理
ポート 1	P17	LED7		出力	1/0 ＝消灯 / 点灯
	P16	LED6			
	P15	LED5			
	P14	LED4			
	P13	LED3			
	P12	LED2			
	P11	LED1			
	P10	LED0			
ポート 13	P137/INTP0	SW1		入力	ON/OFF ＝ 0/1
ポート 3	P31/INTP4	SW2		入力	ON/OFF ＝ 0/1
A/D 変換器	ANI18	VR1		入力	
ポート 5	P55	DIG1		出力	1/0 ＝非選択 / 選択
	P54	DIG0		出力	1/0 ＝非選択 / 選択
ポート 7	P77	DIG1/DIG0	D.P	出力	1/0 ＝点灯 / 消灯
	P76	DIG1/DIG0	g		
	P75	DIG1/DIG0	f		
	P74	DIG1/DIG0	e		
	P73	DIG1/DIG0	d		
	P72	DIG1/DIG0	c		
	P71	DIG1/DIG0	b		
	P70	DIG1/DIG0	a		

A.4　その他のツール

　CS+ には，プラグイン機能として補助的なツールが使えるようになっています．
本書で紹介したものであれば，4.3.3 項のパートナー OS 対応デバッグプラグインと
5.3.2 項のスタック見積もりツールが該当します．必要に応じて図 A.17 に示すツー
ルメニューなどから起動できますが，補助的なツールであるため，あらかじめ使用す
ることを CS+ に知らせておく必要があります．

　具体的には，図 A.17 に示したツールメニューの「プラグイン管理」で開かれる図
A.18 の「プラグインの管理」のダイアログで，必要なプラグイン機能のチェックボッ
クスを ON にしてください．この操作によって，CS+ がもっているさまざまなプラ
グイン機能が利用可能となります．

図 A.17　スタック見積もりツールの起動

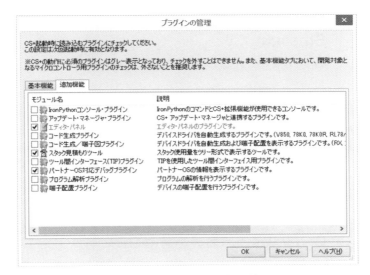

図 A.18　プラグイン機能の登録

開発ツールとハードウェアの入手方法

　ここでは，RL78 のソフトウェア開発を行う各種ツールの入手方法と，RL78
マイコンを搭載した CPU ボードの発売元を紹介します．

B.1　ソフトウェア開発ツールの入手方法

B.1.1　Smalight OS

　本書で用いる無償評価版 Smalight OS は，以下の URL のページからダウンロー
ドできます．

http://www.morikita.co.jp/books/mid/078452

　製品版の Smalight OS の購入方法などについては，以下の URL にあるマクセル
システムテックのホームページで，"お問い合わせ"をクリックして"Smalight お問い
合わせフォーム"に必要事項を入力して問い合わせることができます．

http://www.systemtech.maxell.co.jp/

B.1.2　C コンパイラ無償評価版と CS+

　自分で勉強するために CS+ とコンパイラを入手したい場合は，氏名などを登録す
れば，以下の URL にあるルネサスのホームページから無償の評価版を入手すること
ができます．

https://www.renesas.com/ja-jp

　ホームページで"製品情報"から"開発ツール"を選び，"統合開発環境（IDE）"から
"統合開発環境 CS+（旧 CubeSuite+）"を選択します．RL78 マイコン用の CS+ は
二つあり，最新版の CS+ for CC が CC-RL コンパイラが動作するものですが，こ
れは Smalight OS に対応していません．CA78K0R コンパイラが動作する旧バージョ
ンの CS+ for CA, CX の無償評価版をダウンロードしてください．

　無償評価版は全機能を使用できる日数が限定されていて，期限を過ぎるとプログラムサイズが制限されますが，個人が勉強のために使用する分にはまったく支障はありません．

B.1.3　E1 エミュレータ用ドライバとプログラム

　E1 エミュレータ用ドライバとプログラムは，上記の"統合開発環境 CS+（旧 CubeSuite+）"に付属してインストールされます．

B.1.4　マニュアル類の入手方法

　シングルチップマイコンを使いこなすためにはハードウェアマニュアルが必須ですが，これもルネサスのホームページで公開されています．

　ホームページで"製品情報"から"RL78 ファミリ"を選び，左ナビの中の"RL78/G1x"のツリーを開き"RL78/G14"を選びます．出てきたページの中央にある"ドキュメント"を選ぶと，「RL78/G14 ユーザーズマニュアル　ハードウェア編」をダウンロードすることができます．

B.2　各種ハードウェアの発売元

B.2.1　サンハヤト

　　　　ホームページ：http://www.sunhayato.co.jp/

　本書で取りあげているマイコンボードはサンハヤトのマイコントレーニングボード MT-RL78 です．

　標準で E1 エミュレータ用のコネクタが実装されていますので，すぐにプログラム開発ができます．安価でありながらスイッチや LED などが実装されていますので，学習用キットとしては最適です．

B.2.2　北斗電子

　　　　ホームページ：http://www.hokutodenshi.co.jp/

　各種のマイコンボードを扱っており，RL78 マイコン搭載のマイコンボードも多数

あります．標準搭載の I/O はスイッチや LED が数個と少ないですが，自ら I/O を拡張することを考えているのであれば，豊富に製品が準備されています．

B.2.3 マルツエレック

ホームページ：https://www.marutsu.co.jp/

安価なものから豊富な I/O を搭載した評価ボードを数多く販売しています．E1 エミュレータも販売しています．

B.2.4 秋月電子通商

ホームページ：http://akizukidenshi.com/

電子キット，電子部品を販売しています．安価なマイコンキットを何種類かそろえており，RL78 マイコン搭載の評価ボードも販売しています．

B.2.5 その他

紹介した販売元のほかに，RL78 マイコン搭載の評価ボードや E1 エミュレータを取り扱っている代理店をいくつか挙げておきます．

- 千石電商（http://www.sengoku.co.jp/index.htm）
- 若松通商（http://www.wakamatsu.co.jp/）
- テセラ・テクノロジー（http://www.tessera.co.jp/）
- 内藤電誠町田製作所（https://sys.ndk-m.com/asmis_shop/）

索　引

著 者 略 歴

武井　正彦（たけい・まさひこ）
- 1989 年　山形大学工学部情報工学科 卒業
- 1989 年　日立米沢電子株式会社 入社
　　　　　μITRON 仕様 OS，アプリケーションの開発に従事
- 1996 年　株式会社日立製作所 半導体事業部にて
　　　　　μITRON 仕様 OS のマーケティング，技術サポートに従事
- 2004 年　株式会社ルネサス北日本セミコンダクタにて
　　　　　μITRON 仕様 OS，ミドルウェアのマーケティング，技術サポートに従事
　　　　　トロン協会 教育グループ員としても活動
- 2017 年　マクセルシステムテック株式会社にて
　　　　　自社ソフトウェア・画像認識製品のマーケティング，技術サポートに従事
- 2020 年　マクセルフロンティア株式会社にて
　　　　　新事業企画に従事
　　　　　現在に至る

中島　敏彦（なかじま・としひこ）
- 1968 年　東京大学工学部産業機械工学科 卒業
- 1968 年　株式会社日立製作所 入社
　　　　　家電研究所にてマルチメディア機器の開発に従事
- 1989 年　技術教育部門に転属
　　　　　日立グループ内の技術研修を担当
- 2003 年　株式会社日立製作所 退職
　　　　　その後，日立技術研修所の非常勤講師
- 2016 年　逝去
- 著　書　「図解 組込みマイコンの基礎」森北出版（2007）

鹿取　祐二（かとり・ゆうじ）
- 1984 年　千葉工業大学機械工学科 卒業
- 1984 年　日立マイクロコンピュータエンジニアリング株式会社
　　　　　（現在の株式会社日立超 LSI システムズ）入社
　　　　　日立システム開発研究所に出向し，通信プログラムの開発に従事
- 1999 年　株式会社日立製作所 日立半導体トレーニングスクールにて
　　　　　マイコン，C 言語，リアルタイム OS 関連のセミナー講師として従事
- 2003 年　株式会社ルネサステクノロジ（現在のルネサスエレクトロニクス株式会社）
　　　　　に転属
　　　　　ルネサス半導体トレーニングセンターにて同様のセミナー講師として従事
- 2015 年　ルネサスエレクトロニクス株式会社 退職
　　　　　以後，トロンフォーラム学術・教育 WG メンバーとして活動

編集担当	村瀬健太（森北出版）
編集責任	富井 晃（森北出版）
組 版	ビーエイト
印 刷	丸井工文社
製 本	同

図解 μITRON による組込みシステム入門（第 2 版）
— RL78 マイコンで学ぶリアルタイム OS —

© 武井正彦・中島敏彦・鹿取祐二 *2018*

2008 年 1 月 25 日	第 1 版第 1 刷発行
2014 年 8 月 15 日	第 1 版第 4 刷発行
2018 年 2 月 20 日	第 2 版第 1 刷発行
2022 年 8 月 25 日	第 2 版第 2 刷発行

【本書の無断転載を禁ず】

著 者	武井正彦・中島敏彦・鹿取祐二
発 行 者	森北博巳
発 行 所	森北出版株式会社

東京都千代田区富士見 1-4-11 （〒 102-0071）
電話 03-3265-8341 ／ FAX 03-3264-8709
http://www.morikita.co.jp/
日本書籍出版協会・自然科学書協会 会員
JCOPY ＜（社）出版者著作権管理機構 委託出版物＞

落丁・乱丁本はお取替えいたします.

Printed in Japan ／ ISBN978-4-627-78452-9

MEMO